Einzelhandelskaufleute

Prüfungsvorbereitung kurz und knapp

Verkauf und Marketing

Geschäftsprozesse

CHECK iT ..

Personal

Warenwirtschaft

Heinrich Johannes Kehnen

Rechnungswesen Rechnen

unterwegs • nachts • beim Chillen

u-form Best.-Nr. 2401

WiSo

Deine Meinung ist uns wichtig

Du hast Fragen, Anregungen oder Kritik zu diesem Produkt?
Das u-form Team und der Autor stehen dir gerne Rede und Antwort.

Einfach eine kurze E-Mail an
kehnen@kehnen.de
oder
feedback@u-form.de

11. Auflage 2025 · Bestell-Nr. 2401 · ISBN 978-3-95532-401-8

Titelblatt, Zeichnungen, Grafiken und Layout:
Barbara Kehnen Daten
www.kehnen.de

Lektorat: Manuela Chrostek

u-form Verlag, Hermann Ullrich GmbH & Co. KG
Cronenberger Straße 58 · 42651 Solingen
Telefon 0212 22207-0 · Telefax 0212 22207-63
Internet: www.u-form.de · E-Mail: uform@u-form.de

Inhaltsverzeichnis

Verkauf und Marketing

Geschäftsprozesse

Personal

Warenwirtschaft

Rechnungswesen

Wirtschafts- und Sozialkunde

Stichworte nach Alphabet

Hinweis

Sollte es für diese Auflage Aktualisierungen oder Änderungen geben, kannst du diese herunterladen unter

www.u-form.de/addons/2401-11-2025.pdf

Ist der Link nicht verfügbar, so sind keine Änderungen eingestellt!

Das sollten Sie schon wissen...

Die IHK-Prüfungen zur Kauffrau/zum Kaufmann im Einzelhandel sind schon immer ein Hammer. Die Aufgaben werden bundesweit erstellt und am gleichen Tag zur gleichen Stunde von den Prüflingen geschrieben. Also war es sinnvoll, diese Aufgaben durchzugehen und auf Häufigkeiten zu überprüfen. Das Ergebnis liegt in diesem Miniaturbuch vor. Es wurde das wahrscheinlich dünnste Buch zur Vorbereitung - alles Prüfungsrelevante, aber befreit von allen Randthemen. Ich habe dieses System als Lehrer selbst erprobt. Über dreißig Jahre Prüfungserfahrung, meist in zwei Kommissionen, Klassen von 14 bis 40 Schülern, kein einziger Schüler durchgefallen, Gesamt-Einser immer im zweistelligen Prozentbereich (bis 33%!). Dann muss was dran sein an der Konzentration auf das Wesentliche. Aber, auch das muss ehrlicherweise gesagt werden, damit kann man nicht einfach eine Eins erreichen. Dazu gehören noch andere Dinge:

1. Im letzten halben Jahr vor der Prüfung müssen Sie ALLE alten Prüfungsaufgaben durcharbeiten. Original-Prüfungen können Sie im u-form Shop kaufen: www.u-form.de
2. Arbeiten Sie regelmäßig, also täglich! Auch samstags oder sonntags. Jeden Tag EINE HALBE Stunde Vorbereitung auf die Prüfung. Nur mit Aufgaben aus alten Prüfungen!
3. Bilden Sie Mini-Gruppen von zwei bis drei Leuten und treffen sich zur Prüfungsvorbereitung mindestens ein Mal die Woche.
4. Nachdem Sie so Ihr Langzeitgedächtnis geschult haben, gehen Sie mit brachialer Gewalt an die letzten sechs Wochen. Kündigen Sie Ihren Freunden oder Freundinnen an, dass Sie sechs Wochen in Klausur sind. Arbeiten Sie MINDESTENS EINE Stunde pro Tag neben allen anderen zu erledigenden Aufgaben. Ihre Freunde werden Sie für verrückt erklären - aber gern mit Ihnen den Champus nach der gelungenen Prüfung schlürfen. Ihre Eltern werden stolz auf Sie sein. Und Sie werden am Ende sich selbst gezeigt haben, dass Sie Unmögliches möglich machen konnten.
5. Dieses kleine Buch soll Ihnen die zeitlichen Lücken füllen. Zugfahrt - Buch raus! Busfahrt - Buch raus! Beifahrer Auto - Buch raus! Strand - Buch raus! Arzttermin und Wartezeit - Buch raus! Wenn das Buch bei Ihrer Prüfung noch so aussieht, wie Sie es erworben haben, dann haben Sie etwas falsch gemacht. Hier können Sie markieren, ergänzen, Blätter rausreißen und über's Bett hängen, eigene Blätter erstellen (einfach eine Karteikarte DIN A6 benutzen!).

CHECK iT...

... und keine Angst vor der Prüfung!

6. Erwischen Sie dabei ein Thema, das in dieses Buch gehören sollte, schicken Sie es uns. Sollten wir der gleichen Meinung sein, ist es bei der Neuauflage drin.
7. Seien Sie überpünktlich! Denken Sie im November auch an Wintereinbrüche! Lieber eine halbe Stunde vor der Prüfung in Warteposition als eine halbe Stunde zu spät! Keiner erhält einen Zeit-Nachschlag! Sollten Sie krank werden, melden Sie das - aber in jedem Fall können Sie erst ein halbes Jahr später die Prüfung machen.
8. Nehmen Sie sich Verpflegung mit: Thermoskanne, Süßigkeiten, Kekse, Obst.
9. Das führt immer wieder zu der Frage, ob man denn während der Prüfung zur Toilette darf. Sichere Antwort: Das ist das Grundrecht eines Menschen, das kann und darf Ihnen nicht verwehrt werden.
10. Bei dieser Frage sollte auch geklärt werden, ob Sie ein Handy mitführen dürfen: Nein. Für die Uhrzeit kann man auch einen kleinen Wecker oder sogar die Armbanduhr (Achtung: Aber KEINE Smartwatch) nehmen. Auf jeden Fall schalten Sie Ihr Handy ganz aus, damit Sie nicht von in der Regel nichtssagenden Nachrichten gestört werden.
11. Personendurchsuchungen sollen auch schon mal vorkommen. Das ist aber ein Privileg der Polizei.
12. *Nur zur eigenen Wissensaneignung* empfehle ich allerdings das Anlegen von Karteikarten über die Themen, die Sie absolut nicht in den Griff bekommen. Zwängen Sie HANDSCHRIFTLICH die wesentlichen Inhalte dieses Mörderthemas auf eine DIN-A6-Karte (das ist die Buchgröße), dann haben Sie bereits einen Erfolg. Sie haben das Thema nämlich erfasst. Und damit benötigen Sie diese Karte ohnehin nicht mehr in einer Prüfung. Wenn Sie mit einzelnen Themen in diesem Buch Schwierigkeiten des Behaltens sehen, dann schreiben Sie in eigenen Worten einfach eine eigene Karteikarte. Sie werden sehen: Wer schreibt, der behält!
13. Und wenn Sie die kleinen Grafiken nicht so toll finden - die sind Ergebnisse von Tafelbildern, die ich während meines Unterrichtes als Auflockerung mit eingebracht habe. Also nicht von Picasso, sondern von Kehnen.
14. Gehen auch Sie locker in die Prüfung! Und ganz viel Glück dabei!

Ihr
Heinrich Johannes Kehnen

CHECK iT...

So arbeitet man in der Prüfung!

- Die Lösungen der gebundenen Aufgaben müssen Sie in einen Lösungsbogen eintragen. Dafür muss zwingend ein Kugelschreiber benutzt werden.
- Schreiben Sie die Antworten möglichst erst an den Rand im Prüfungsheft und übertragen diese später in die Lösungskästchen. Wenn Sie nämlich noch korrigieren wollen, wird das kompliziert: Sie müssen die alte Lösung durchstreichen und darunter die neue Lösung setzen. Sollte auch die verändert werden, fragen Sie am besten einen anwesenden Prüfer. Mehr Korrekturen sind nicht möglich!
- Arbeiten Sie nach dem Prinzip: Zunächst die Aufgaben erledigen, die man SICHER kann. Verbeißen Sie sich nicht an einer für Sie komplizierten Stelle, dafür haben Sie keine Zeit. Markieren Sie die noch zu lösende Aufgabe mit einem Markierungsstreifen. Entfernen Sie diese Streifen erst dann, wenn Sie die Aufgabe komplett gelöst haben. Dieses System lässt Sie zu jedem Zeitpunkt sofort erkennen, wo Sie noch einmal ansetzen müssen.
- Schreiben Sie leserlich - nicht nur bei den Zahlen der programmierten Aufgaben - sondern insbesondere auch bei den „offenen Fragen“. Der Prüfer, der Ihre Arbeit korrigiert und beurteilt, ist auch nur ein Mensch. Stößt er auf Sauklauen oder Schnitzeljagden, wird er UNBEWUSST nicht so positiv eingestellt sein zu Ihren Ausführungen, als wenn Sie sauber, ordentlich und nachvollziehbar arbeiten. Sie dürfen ruhig einen Füller benutzen, wenn man damit besser schreibt. Selbst farbliche Unterschiede sind sinnvoll, etwa bei Grafiken. Sie müssen ja nicht zwingend die Korrekturfarbe Rot nehmen.
- Da Sie einen Taschenrechner benutzen dürfen, leihen Sie sich für den Tag Ihrer schriftlichen Prüfung noch einen Zweitrechner aus. Nichts ist dämlicher in der Prüfung, als wenn der Taschenrechner versagt, die Tintenpatrone leer ist oder der Tipp-Ex-Roller (nie bei programmierten Aufgaben benutzen!) nicht funktioniert.
- Viele Fragen bei „Verkauf und Marketing“ oder den „Geschäftsprozessen“ sind Fragen aus dem beruflichen Alltag. Scheuen Sie sich nicht, in Ihren Antworten insbesondere auch die Vorgehensweise IHRES Betriebes darzustellen. Die Arbeitsschritte bei einer Einstellung sind von Betrieb zu Betrieb unterschiedlich. Sie können deshalb auch schreiben: Bei UNS verfahren wir wie folgt:...
- Bei Fragen wie „Nennen Sie drei Arbeitsvertragspflichten“ reichen drei Stichworte! Machen Sie aber auf jeden Fall vor jeder Antwort einen Spiegelstrich. Damit sieht der Korrektor sofort, dass Sie die Aufgabe vom Umfang her gelöst haben. Muss er Trennstriche zwischen Ihren Ausführungen machen, ärgern Sie ihn. Ärger führt nie zu etwas Gutem!

So arbeitet man in der Prüfung!

- Wenn die Aufgabenstellung lautet „Begründen Sie...“, dann sollten Sie in ganzen Sätzen antworten. Sind auch hier mehrere Gründe angefragt, gilt wieder, dass Sie mit Spiegelstrichen arbeiten müssen.
- Wenn drei Argumente gefragt sind, darf man dann auch vier Argumente bringen? Das ist nicht sinnvoll, denn Sie erhalten nicht mehr Punkte für mehr Nennungen. Zudem muss der Prüfer in der Reihenfolge Ihrer Nennungen bewerten und darf sich nicht die richtigen Antworten heraussuchen.
- Sollten Sie auf eine Aufgabe stoßen, die eine Rechnung erfordert, überschlagen Sie Ihre Rechnung probeweise. Haben Sie nur einen Rechenfehler, ansonsten aber mit dem Fehler alles richtig gerechnet und die richtigen Schlussfolgerungen gezogen, gibt es nur einen kleinen Abzug an Punkten. Ist Ihr Ergebnis jedoch völlig weltfremd, dann sollten Sie zumindest anmerken, dass Sie offenbar einen Fehler gemacht haben, den Sie noch entfernen werden, wenn die Zeit es hergibt.

Die unterschiedlichen **Aufgabentypen** und ihre Bearbeitung haben wir in diesem praktischen Prüfungsfragen-Leitfaden zusammengestellt:

www.u-form.de/addons/leitfaden-pruefungsfragen.pdf

Am Tag vor der Prüfung haken Sie ab, ob Sie Ihre Tasche ausreichend gepackt haben:

- ☐ Prüfungseinladung - Personalausweis
- ☐ Schreibgeräte - Kugelschreiber - Füller - Buntstifte - Radiergummi
- ☐ Markierungsstreifen (gut klebend!)
- ☐ Taschenrechner (+ Reserverechner)
- ☐ Uhr zur Zeitkontrolle (aber nicht mit dem Handy!)
- ☐ Schutzengel von der Oma - Glücksbringer vom Freund
- ☐ Leckereien - Kaffee

Was erwarten die Kunden von den Verkäufern?

freundliche Begrüßung	IMMER: gut angezogen, Dresscode des Unternehmens beachten, gut riechend, ausgeschlafen, freundliches Gesicht, freundliche Haltung, ein immer positives Verhalten
deutliche, nicht überhebliche, leise oder zu technische Sprache	Nicht nuscheln, Kunden beim Sprechen immer ansehen, sich gern unterbrechen lassen, um dem Kunden den Vortritt zu lassen, nicht übertönen.
Bereitschaft zu beraten, aber auch zu warten	Dem Kunden sagen, dass man ihn gerne beraten würde, aber auch abwarten kann, bis der Kunde sich meldet - dazu freundlichen Blickkontakt wahren (kein Stasi-Blick).
unbedingte Fachkompetenz	Ohne Fachkompetenz kann man einen Kunden nicht mehr überzeugen, deshalb sind Fortbildungen und Einarbeitungen in neue Produkte ständig notwendig.
starke Sozialkompetenz	Verständnis für mitgebrachte Kinder, für ältere (behinderte) Menschen, die langsamer sind.
dezente, nicht aufdringliche Beratung	Freudige, positiv gestrickte Beratung, damit sich der Kunde wohl fühlt.
abwarten können, Zuhörbereitschaft	Gut zuhören ist wichtig, um die ‚innere Wunschliste' des Kunden herauszuhören.
Hineinversetzen in die Bedürfnisse des Kunden	Nicht das Bedürfnis des Verkäufers sollte befriedigt werden, sondern das der Käufer. Deshalb ist es wichtig, sich in die Kaufsituation des Kunden zu versetzen.
Verständnis für die Gefühle des Kunden	Oft ist nicht das Portemonnaie, sondern das Gefühl des Käufers entscheidend.
Verständnis für die mangelnde Fachkenntnis des Kunden	Bei der Flut an Neuigkeiten, vor allem im technischen Sektor, ist Verständnis für veraltete oder falsche Fachkenntnis angebracht - Hochnäsigkeit verdirbt das Geschäft.
Heiterkeit auch am Regentag	Fröhlichkeit und eine heitere Stimmung erzeugt ein Wohlbefinden - und dann kauft man gern
Respekt	Jeder Kunde verdient unseren Respekt, egal ob er alt, jung, dick, dünn, reich oder arm ist.

Teamarbeit

2

„Team“ bezeichnet einen Zusammenschluss von mehreren Personen zur Lösung einer bestimmten Aufgabe oder zur Erreichung eines bestimmten Zieles. In einem Einzelhandelsunternehmen bezeichnet „Team“ die für einen bestimmten Zweck aus Mitarbeitern zusammengesetzte Arbeits- oder Verkäufergruppe.

Voraussetzungen	Vorteile	Nachteile
▶ Anpassungsfähigkeit ▶ Engagement ▶ Sprachverständnis ▶ Kommunikationsfähigkeit ▶ Kritikfähigkeit ▶ Menschenkenntnis ▶ Selbstdisziplin ▶ Toleranz	▶ Jeder Mitarbeiter bringt <u>seine</u> speziellen Fähigkeiten ein. ▶ Man lernt sich besser untereinander kennen. ▶ Dadurch wächst die gegenseitige Unterstützung und... ▶ ...die Identifikation der Mitarbeiter mit dem Unternehmen nimmt zu und... ▶ ...erzeugt ein WIR-Gefühl. ▶ Das wiederum hebt die Arbeitsmoral, die Arbeitszufriedenheit und ... ▶ ...verbessert das Unternehmensergebnis durch z.B. höhere Umsätze. ▶ Was der eine nicht kann, kann der andere, man arbeitet wie in einem Netzwerk. ▶ Bisher verborgene Talente werden gefördert und neue Ideen produziert. ▶ Jeder darf kreativ denken, ohne gleich negativ angesehen zu werden: Veränderungen werden möglich!	▶ “Viele Köche verderben den Brei“ ▶ Man verlässt sich gern auf den anderen: „**T**oll, **E**in **A**nderer **M**acht‘s“ ▶ Aufgaben sind oft ungerecht verteilt ▶ Man kann alles auf den anderen schieben - mobben wird Mode ▶ Diskussionen können zu Streit führen ▶ Leistung und Verantwortung ist schwerer abzufordern ▶ Einer dominiert - die anderen folgen brav ▶ Schwächere verstecken sich gern ▶ Einer oder mehrere sind absolut nicht motiviert - keine Team kann dann erfolgreich sein! ▶ Neid und Missgunst können dazu führen, dass ein Team nur so gut ist wie das unmotivierteste, zänkischste, disziplinloseste Mitglied. ▶ Manchmal werden die ausgezeichnet, die am wenigsten für das Team getan haben

Eingangskontrolle

A N L I E F E R U N G

Fracht und Lieferschein müssen sofort im Beisein des Fahrers überprüft werden

ok! →

Verpackung prüfen

ok! →

Auspacken und unverzüglich (ohne schuldhaftes Verzögern) prüfen

ok! →

Ware einlagern oder direkt in die Regale packen

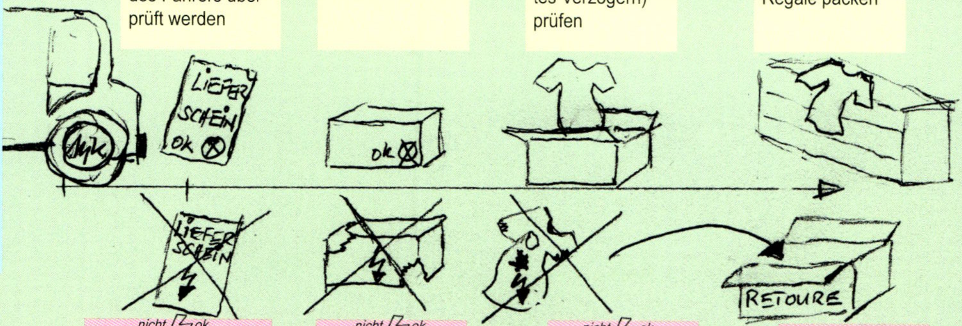

nicht ok

Differenzen schriftlich festhalten und bestätigen lassen - oder Annahme verweigern

nicht ok

Schäden schriftlich bestätigen lassen - oder Annahme verweigern

nicht ok

Fehler in der Menge, Art, Beschaffenheit oder Güte festgestellt, deshalb...

Mängelrüge an den Lieferer mit dem Hinweis auf unsere Rechte

Vor- und Nachteile der Kundenkarte

Kundenkarten	Aus der Sicht der Kunden	
	Vorteile	**Nachteile**
PAYBACK-Karte DeutschlandCard IKEA-Familiy-Card TchiboCard Douglas Beauty Card P&C-Karte regionale Karten....	* Punkte sammeln und später kassieren - Sachprämien oder Geldprämien * Teilnahme an Rabatt- und Sonderaktionen, z.B. Informationen über einen Sonderrabatt <u>VOR</u> dem allgemeinen Termin über E-Mail oder Post * ständige Infos über NEUIGKEITEN	* Datenspeicherung (Adresse, Geburtsdatum, Einkaufsgewohnheiten usw.) * Werbeflut (man wird etwa mit E-Mails auch von „befreundeten“ Unternehmen überschüttet) * Anreiz zu Mehrausgaben (durch Sammelleidenschaft oder „Rabattmentalität“)
Jeder Deutsche besitzt im Durchschnitt 4,4 Kundenkarten!	**Aus der Sicht des Einzelhändlers**	
	Vorteile	**Nachteile**
Am wirksamsten sind Kombikarten (von mehreren Unternehmungen gleichzeitig betrieben)	* Kundenbindung (die Stammkunden bilden die Seele des Geschäfts) * Kenntnis der Kaufgewohnheiten, die Sonderbewerbungen ermöglichen * Umsatz-Plus durch gezielte Werbung, Rabattaktionen, Sonderaktionen	* Rabatt-Entgelt an Kunden (diese erhalten 0,25 % bis maximal 3 % als Rabatt) * Kosten der Karte * Kosten durch gezielte Werbemaßnahmen * Kosten durch gezielte Kundenbindungsmaßnahmen wie z.B. Geburtstagsglückwünsche

Zahlung bar und mit Giro- (EC-) und Smart-Karte

Barzahlung

1. Der Kassierer nennt laut und deutlich den Betrag für den Einkauf des Kunden.
2. Der Kassierer nimmt das Geld entgegen, kontrolliert den Betrag und nennt laut und deutlich den Wert, um Missverständnisse auszuschließen.
3. Sicherheitsmerkmale werden überprüft (Wasserzeichen, Sicherheitsfaden, Hologramm, Glanzstreifen)
4. Die Geldscheine werden in die Kasse geklemmt, ► nicht in die Geldfächer, und dem Kunden wird das Wechselgeld laut und deutlich vorgezählt.
5. Kommt kein Widerspruch, legt der Kassierer das Geld in die Kasse.
6. Der Kassierer übergibt Kassenbon + Ware

Giro(EC-)cardzahlung (mit Magnetstreifen)

- Zahlungsbetrag wird an der Kasse ermittelt.
- Der Kunde bestätigt den Zahlungsbetrag.
- Die Giro- (EC-)Karte wird in das Kartenlesegerät gesteckt (durch den Kunden oder mit Hilfe des Kassenpersonals) und ausgelesen.
- Das Sicherheitsmodul wird aktiviert + verlangt die Eingabe der Geheimzahl.
- Der Kunde gibt seine Geheimzahl ein
  ► Bei der Bank werden Prüfungen durchgeführt:
  → Geheimzahl korrekt? → Ist der Betrag gedeckt? → Sperre?
  Bei nur einer „falschen" Antwort gibt es eine keine Zahlung.
- Liegt alles im positiven Bereich, gibt es einen „Zahlung erfolgt" - Ausdruck.
- Der Kunde entnimmt seine Karte und erhält einen Kassenausdruck.
- Der Händler hat kein Zahlungsrisiko und erhält unverzüglich Geld.

mit Smartcard

Eine Smartcard ist eine kleine (ca. 8,5 cm x 5 cm) Plastikkarte mit einem eingearbeiteten Mikrochip. Auf dem Mikrochip können Daten aller Art gespeichert werden. Alle neu ausgegebenen Giro- (EC-) oder Bankkarten sind mit diesem kleinen goldenen Chip bestückt, der sie ebenfalls zu einem internet-tauglichen Smartcard-Zahlungsmittel macht. Der Händler erfährt lediglich die Kartennummer, was Anonymität bedeutet.

Giro(EC-)cardzahlung bis 50,- € kontaktlos

Kontaktloses Bezahlen ist mit allen Girocards und Kreditkarten möglich, die einen NFC-Chip besitzen (Near field communication = Nahfeldkommunikation). Als Kunde muss man dafür die Karte nah an die Kontaktstelle des Kassenterminals halten. So kann man Beträge bis 50 Euro bezahlen – ohne PIN oder Unterschrift. Die Haftung liegt nun bei der Bank, nicht bei uns.

Sortimente

Definition	flach ↔ tief	breit ↔ schmal	ständig↔variabel	Kern ↔ Rand
Alle Waren und Dienstleistungen, die in einem Geschäft angeboten werden, bilden das **Sortiment** ↓ Warenbereiche *z.B. Lebensmittel* ↓ Warengruppen *z.B. Getränke* ↓ Warenarten *z.B. Wein oder Sekt* ↓ Artikel *z.B. Weiß- oder Rotwein* ↓ Sorte (kleinste Einheit) *z.B. Kröver Nacktarsch*	Ein *flaches* Sortiment hat innerhalb der Warenarten nur wenige Artikel. In einem kleinen Laden gibt es verschiedene Warenbereiche (z. B. Schreibwaren, Getränke,...), doch von einem Artikel gibt es nur eine oder wenige Sorten (z. B. zwei verschiedene Flaschen Wein). In einem *tiefen* Sortiment findet man viele Artikel aus einzelnen Warenarten. Fach- und Spezialgeschäfte führen ein sehr tiefes Sortiment. In einem Weingeschäft wird etwa nur Wein angeboten, aber es gibt eine riesige Auswahl.	Ein Kaufhaus bietet in der Regel ein *breites* Sortiment mit Bereichen wie Textilien, Lebensmittel, Drogerieartikel, Bücher, Elektroartikel u.s.w. Auch Warenhäuser stellen sich immer breiter auf. („Einmal hin, alles drin“) Werden nur wenige Warenbereiche angeboten, spricht man von einem *schmalen* Sortiment. Dies könnte etwa ein Buchladen sein, der Kaffee- und Kakaoladen oder der Süßwarenladen.	Das Sortiment, das man immer im Angebot führt, ist das *ständige* Sortiment. Dies wird immer wieder ergänzt oder auch verkleinert, aber in einer langfristigen Strategie. Nimmt man auch Bereiche hinzu, die nur saisonal angeboten werden können - oder die gerade interessant auf dem Markt sind, ergänzt man kurzfristig mit einem *variablen* oder einem *Saison-Sortiment*-Angebot.	Wie beim Kerngeschäft oder den Randgeschäften ergeben sich die größten Umsätze beim *Kern-Sortiment*. Wenn das Kerngeschäft das Handeln mit Elektrowerkzeugen ist, dann gehört auch ein *Rand-Sortiment* mit Ersatzteilen oder Zubehörteilen dazu. Es gibt auch bereits Handwerkermärkte, die viele kunstgewerbliche Artikel anbieten, um neben Heimwerkern auch Bastler anzusprechen.

Haupt-, Zusatz-, Ergänzungs- Artikel (Angebote)

Viele Angebote ergänzen die Bedürfnisse nach einem Hauptartikel - und schaffen Umsatz

Vorteile für beide Seiten

Vorteile für den Verkäufer:

- Umsatzsteigerungen für den Verkäufer
- Häufig ‚vorteilhafter' kalkuliert
- Hilfreich zur Kundenbindung, da diese Verkäufe dem Kunden ‚Bemühen' suggeriert
- Dadurch kostenlose Werbung durch positive Mundpropaganda
- Oft ‚leichter' zu verkaufen als der Hauptartikel

Vorteile für den Käufer:

- Das Hauptprodukt wird noch einmal aufgewertet (Objektiv zur Kamera)
- Das Hauptprodukt wird unabhängiger gemacht und dadurch nutzbarer (zweiter Akku für Handy)
- Das Hauptprodukt funktioniert nur mit dem Ergänzungsprodukt (SD-Karte für die Digital-Kamera)
- Unnötige Wege werden eingespart (Kaninchenstall und Futter)
- Der Käufer erfährt durch den Verkäufer, dass er sich mit dem Wohlbefinden seines Kunden auseinandersetzt und ihn offensiv beraten hat.

Ergänzungsangebot

- Zu den Ergänzungsangeboten zählen Artikel, die zwingend für den Gebrauch des Hauptproduktes erforderlich sind.

→ Ein Handy ist völlig unbrauchbar, wenn nicht auch eine SIM-Karte ergänzend gekauft wird (unabhängig von Vertrag oder Pay-Karte).

→ Viele elektronische Geräte erfordern Batterien. Sollten die nicht bereits dem Hauptprodukt beigefügt sein, muss diese Ergänzung angeboten werden.

→ Ein DVD-Brenngerät ohne beschreibbare DVDs ist Unsinn (und umgekehrt).

Zusatzangebot

- Ein Zusatzangebot liegt dann vor, wenn der Verkäufer dem Kunden einen Artikel anbietet, der in direktem Zusammenhang mit dem Hauptartikel steht und den Kundennutzen steigert. Dieser Zusatzartikel ist nicht zwingend notwendig - aber sinnvoll.

→ Zu einem Herren-Oberhemd ist es sinnvoll, auch eine neue Krawatte anzubieten - und zwar, bevor der Kunde schon wieder an der Kasse steht.

→ Neue Damengarderobe lässt gern die Möglichkeit entstehen, auch die Unterwäsche, die Tasche und die Schuhe passend dazu zu erstehen.

Cross-Selling/Up-Selling

Cross-Sellling ist eine Art des Zusatzverkaufes. Der Einzelhändler bietet dabei Artikel an, die gar nicht oder nur indirekt in Verbindung zum Hauptprodukt stehen. So werden an Tankstellen Getränke, Blumen und Snacks angeboten, Lottoannahmestellen verkaufen vom Tabak bis zum Wein fast alles, Postagenturen ebenfalls. Kein Möbelhaus verzichtet mehr auf eine ‚Krimskrams'-Abteilung. Baumärkte nehmen auch Bastelmärkte in ihr Programm.

Dem Kunden wird in der Regel ein mittleres Produkt vorgelegt. UP-Selling bedeutet dann, den Kunden vom höherwertigen Produkt oder von einer größeren Menge zu überzeugen.

Musskauf: Ware ist notwendig (Brot, Butter, Mehl...)

Impulskauf: Waren werden nach Gefühl (Optik, Geschmack...) gekauft

Renner-Penner-Liste

sortiert nach verkauften Stückzahlen

Rang	Artikel-Nummer	verkauft (Stück)	Brutto-VK /Stück (€)	Brutto-Umsatz (€)	Rohertrag /ges. (€)	Rohertrag /Stück (€)
1	OPI-1234	433	34,90	15.111,70	5.239,30	12,10
2	OPI-4233	390	28,99	11.306,10	3.595,80	9,22
3	OPI-2214	288	39,90	11.491,20	4.386,24	15,23
4	OPI-3897	269	41,90	11.271,10	5.030,30	18,70
5	OPI-4566	92	99,99	9.199,08	2.208,00	24,00
6	OPI-5297	12	124,50	1.494,00	349,32	29,11

Eine Renner-Penner-Liste zeigt uns hier, wie viel wir von den einzelnen OPI-Produkten verkauft haben. OPI-5297 wurde nur 12-mal verkauft. Bei dem hohen VK-Preis müssen wir davon ausgehen, dass die auf Lager liegenden Produkte sehr viel Kosten verursachen. Sie nehmen Platz weg und kosten Zinsen. Deshalb ist dies ein „Penner-Artikel", den man aus dem Angebot nehmen sollte. Sollte allerdings zwischen OPI-5297 und z. B. OPI-3897 ein Zusammenhang bestehen, muss man neue Überlegungen anstellen. So könnte es sein, dass das eine Produkt durch das andere schon mal gern ergänzend gekauft wird.
Man kann die Liste auch nach der Höhe des Rohertrages sortieren - und betrachtet die Produkte nur aus der Ertrags-Sicht.

Serviceleistungen

auf den ***Kunden*** bezogen	auf die ***Ware*** bezogen	auf die ***Zahlung*** bezogen	auf ***Informationen*** bezogen
▶ Parkplätze (ausreichend viel und hinreichend groß) ▶ Einkaufswagen (mit Kindersitz) ▶ Toiletten (ausreichend und immer sauber) ▶ Umkleidekabinen (+Sitzgelegenheiten außen) ▶ Kinderbetreuung (Spielecken, Fernsehen) ▶ Verpackungsservice (Geschenk, Festtage) ▶ Zustellung (Bringservice) ▶ Kundenkarten (auch als „Gutschein" für Kaffee) ▶ Maßbänder (Möbel) ▶ Planungs-PCs (Küchen, Wohnräume) ▶ Trinkvorrichtung (Wasser)	▶ Anprobe ermöglichen ▶ Probeteile direkt an der Kabine auf Ständer einsammeln ▶ Produktvorführungen (Modenschau, Kochen mit...) ▶ Kostproben (Wein, Käse, Wurst, Süßes...) ▶ Ware „auf Probe" mitgeben, damit der Kunde ausprobieren kann, ob etwa der Fernseher passt (hier ist das Rückgaberecht garantiert) ▶ Änderungsschneiderei ▶ Reparaturservice ▶ Montagehilfe ▶ Entsorgung Altgeräte	▶ Kredit- Finanzierungsangebote (Ratenzahlungen) ▶ Kostenvoranschlag ▶ Leasing-Angebote (Mietkauf-Angebote) ▶ Kartenzahlung ermöglichen ▶ Zahlung auf Rechnung ▶ bei Nichtgefallen: Ware zurück, Geld zurück ▶ Teilnahme an einem Bonuspunktesystem, etwa dem Payback-System oder ganz eigenen Systemen	▶ Kundenpost (Brief, Prospekt, Spezialangebote) ▶ Newsletter per E-Mail ▶ ständige Information über die eigene Homepage ▶ Do-it-yourself-Kurse in Hobbygeschäften, Kochkurse, Nähkurse ▶ Telefon- und Mail-Nachfragen zur Zufriedenheit mit Ware und Personal

Verkaufsförderung

<table>
<tr><th>Maßnahmen für Verkäufer</th><th>Maßnahmen für den Kunden</th><th>Grundvoraussetzungen</th></tr>
<tr><td>
▶ Beteiligung am Umsatz (€ pro Mitarbeiter) oder Absatz (Stück pro Mitarbeiter) oder Kombination
▶ Wettbewerb untereinander mit tollen Preisen (Sonderurlaub, Wellnesswochenende, AIDA-Reise...)
▶ Produktprospekte, Handbücher, Informationsblätter
▶ Schulung durch Motivationstrainer und Verkaufsgenies
▶ Schulungen, die das „Wir“-Gefühl stärken (corporate identity)
▶ kurzfristige Produktschulungen durch den jeweiligen Hersteller
▶ innerbetriebliche Motivation durch Spitzenleistungen bei Urlaubstagen, Lohn...
</td><td>
▶ Rabattaktionen (damit die Kunden glauben, sie kämen an ein Schnäppchen)
▶ Zugaben (kommen der Sammelleidenschaft der meisten Kunden entgegen - und führen oft zu einem nicht geplanten Hauptkauf). Diese Zugaben können auch gern für die mitgebrachten Kinder sein, da diese auf eine Wiederholung des Einkaufs drängen.
▶ Sonderaktionen
▶ Gewinnspiele
▶ Coupons ausgeben (6 x Kaffee - 1 x frei)
▶ Gutscheine verschicken (insbesondere an gelistete Kunden) für Waren, Produktgruppen oder auch für ein preiswertes Mittagessen
▶ Treueprämien für gelistete Kunden (Premium-Kunden)
▶ Verlosungen (mit Gewinngarantie und sofortiger Gewinnvergabe)
▶ Warenproben (wenn möglich auch mit Erstberatung)
▶ Werbung (Tageszeitungen, Anzeigenblätter, regionales Radio oder Fernsehen, eigene Verteilaktionen von Prospekten...)
▶ Wohlfühlatmosphäre durch Verkaufsraumgestaltung, Musik (oder auch nicht!), Platzierung, Ausruhgelegenheiten (Modebranche), kostenfreie Trinkangebote (Wasserspender), gute Luft und helle Tageslichtsimulation
</td><td>
1. Jeder Kunde muss das Gefühl haben, in ein Geschäft zu kommen, in dem der Kunde wirklich wie ein König behandelt wird.
2. Dazu muss die innerbetriebliche Atmosphäre stimmen. Auseinandersetzungen zwischen Kollegen oder erkennbares Mobben sind Umsatzkiller.
3. Ein Lächeln auf dem Gesicht des Verkäufers ist das beste Verkaufsargument.
4. Ein anständiges Verhalten lockt und hält Kunden, kratzbürstiges Verhalten (herablassende oder barsche Sprache) oder erkennbar müdes Verhalten (Gähnen) sind Umsatzkiller.
</td></tr>
</table>

Werbeplan

Reizmuster: **AIDA** → **A**ttention (Aufmerksamkeit) → **I**nterest (Interesse) → **D**esire (Verlangen) → **A**ction (Kauf)

Planteil	**Frage ??**	**Inhalte - Erläuterungen - Beispiele**
Werbender	**WER**	Allein? Sammelwerbung (unterschiedlichste Produkte und Händler) zum Herbstfest? Gemeinschaftswerbung (Deutsche Butter)?
Objekt/Inhalt	**WAS**	Produkt (Audi Q7) - Produktgruppe (SUVs mit Q5, Q3) - Unternehmen AUDI (= public relations)
Ziel	**WARUM**	Platzierung eines neuen Produktes - Umsatzerhalt bei allen Produkten - Erinnerung an UNS - Abverkauf alternder Produkte
Zielgruppe/Streukreis	**WEN**	Personengruppe, die erreicht werden soll (jung, alt, Billigstkäufer wie im Primark oder Markenkäufer wie bei P&C...)
Ziel-/Streugebiet	**WO**	Einzugsgebiet der Personen, die ich erreichen will (Stadt, Gebiet, Region, Land...)
Zeitraum - Streuzeit	**WANN**	Die Zeit wird limitiert (festgesetzt), damit die Aktion abgelöst werden kann von anderen Aktionen - und der Umworbene immer das Gefühl hat, er müsse sich beeilen.
Werbemittel/-träger	**WOMIT**	siehe Sonderseite
Etat - Geldeinsatz	**WIE VIEL**	Das Budget ist vorgegeben und seine Wirkung kontrolliert

Werbemittel - Werbeträger

Grundsätze der Werbung: Wahrheit - Klarheit - Wirksamkeit - Verantwortlichkeit - Wirtschaftlichkeit

Werbemittel zielen auf die Sinne				
sehen (optische)	**hören (akustische)**	**schmecken (geschmackliche)**	**riechen (geruchliche)**	**fühlen (haptische)**
Plakat Zeitungsanzeige Online-Anzeige Videoclip, Fernsehspot Schaufensterdekoration Verkaufsraumgestaltung → Visual Merchandising (am POS) Hier ist wichtig, das Produkt so interessant zu präsentieren, dass Kaufinteresse geweckt wird.	Verkaufsgespräch Rundfunkspot Werbeveranstaltung Messe-Vorführung	Probierstände mit Kostproben aller Art	Probierstände mit Geruchskostproben	Verkaufs-Objekte, die man anfassen kann (Wie fühlt sich der Stoff an?) Proben, Muster

Werbemittel sind auch die kleinen Zugaben (Werbegeschenke, Give-Aways), die dem Kunden gemacht werden

Viele Werbemittel werden in der Kombination so angewandt, dass möglichst viele Sinne angesprochen werden.

Werbeträger („tragen“/transportieren das Werbemittel)		
optische	**akustische**	**audio-visuelle**
Zeitungen, Zeitschriften, Beilagen Plakattafel, Bandenwerbung, Litfaßsäule Handzettel, Flugblätter, Werbebrief Prospekte, Kataloge, Schaufenster Verpackung (eigener Aufdruck), Website	Rundfunk Podcast	Fernsehen Internet (Websites, Social Media, Blogs etc.) Kino Smartphone (Apps – optisch und akustisch) Tablet, PC

e-Commerce – Online-(Ver-)Kauf – Influencer

Rechtliches (Auszug):

→ gesamte EU: 14 Tage Widerrufsfrist des Kunden ab Erhalt (Fernabsatzgeschäft BGB)
→ Impressum und AGBs Pflicht
→ Kosten der Rücksendung trägt der Käufer (oder nach Angebot / Verhandlung der Verkäufer)

Influencerin wirbt eigenständig im Netz für Produkte durch z. B. Filme im heimischen Umfeld

Verkaufshits im Netz:

→ Kleidung, Schuhe, Accessoires
→ Spielzeug
→ Haushaltsartikel
→ Deko-Artikel
→ Elektronische Geräte

Vorteile Kunden

→ können 24/7 in Ruhe shoppen
→ bekommen die Ware nach Hause geliefert
→ problemloser Bestellvorgang
→ keine Fahrtkosten oder Parkgebühren
→ können in aller Ruhe Preise vergleichen
→ können Hotline nutzen
→ viele Bezahlmöglichkeiten
→ haben viele Möglichkeiten, sich intensiv mit dem Produkt zu beschäftigen

Vorteile Verkäufer

→ geringere Kosten, da keine lokale Struktur (zunächst) notwendig
→ geringe Investitionen, gut für Start-Ups
→ große Reichweite
→ ist immer erreichbar (24/7)
→ erreicht auch andere Käufergruppen
→ höherer Umsatz möglich
→ nutzt das Internet, gezielte Werbung und Preisausschreiben abzusetzen
→ *Influencer = unabhängige selbständige Person, die bei hohen Zugriffszahlen Provision erhält (oft Promis)*

Nachteile Kunden

→ Schwierigkeiten bei Umtausch oder Rücksendung (insbesondere Fernost)
→ zahlen meistens, bevor Ware empfangen wurde
→ Geld zurück meist schwer
→ vermisst persönliche Beratung
→ Zusatzkosten beim Rücksenden zu erwarten
→ kann die Ware nicht sofort prüfen (anfassen)(riechen)

Nachteile Verkäufer

→ kaum persönliche Bindung
→ Zahlungsoptionen eingeschränkt (z.B. kein Barverkauf möglich)
→ Preise sind vergleichbar
→ also auch Vergleichbarkeit mit den Mitbewerbern
→ Kosten für einen guten, stabilen Internetauftritt und dessen Pflege
→ mögliche Fake-Bewertungen

Stichworte aus Verkauf- und Marketing-Prüfungen

Stichwort	Kurzerläuterung
Artikel- und Produktwissen	Wichtigste Voraussetzung für ein erfolgreiches Verkaufsgespräch ist das Wissen um das Produkt. Hier muss der Verkäufer ständig auf dem Laufenden bleiben, Produktschulungen besuchen, Artikelbeschreibungen lesen...
Coupons	Manche Unternehmen stellen Coupons (Papier oder digital) zur Verfügung, die spezielle Rabatte auf Produkte oder ganze Sortimente gewähren. Das gilt auch für Gratisproben.
Eigenmarke	Für den Verbraucher gehören Eigenmarken inzwischen zur „Grundausstattung“ des Einzelhandels. Aus der Sicht des Käufers stehen Eigenmarken vor allem für eine gute Qualität zu günstigen Preisen. Hier kennen wir „ja!“ (REWE), „Gut & Günstig“ (EDEKA) oder „Balea“ (dm). Diese Eigenmarken schaffen durchaus höhere Umsätze, sie binden allerdings den Käufer nicht langfristig.
Feedback-Regeln	1. Ausreden lassen - 2. Intensiv zuhören - 3. Verstehen <u>wollen</u> - 4. Positives stärken - 5. Sachlich antworten
Gewinnspiel (rechtlich)	Jedes Unternehmen gewinnt mit einem Preisausschreiben, nämlich Interessenten und zukünftige Käufer. Doch es muss sich an die Gesetze halten, z.B. „Unlauter handelt (..), wer bei Preisausschreiben oder Gewinnspielen mit Werbecharakter die Teilnahmebedingungen nicht klar und eindeutig angibt.“
JA-ABER-Methode	„Es stimmt, dass dieses Tablet im Preis ganz oben liegt (JA), ABER dafür hat es eine Reihe von Eigenschaften und Funktionen, die Sie sonst nirgendwo finden werden.“ *Das ABER ist wichtiger als das JA.*
Preisangabenverordnung	1. Alle Waren müssen ausgezeichnet werden 2. Die Preise müssen gut sichtbar und gut verständlich sein 3. Alle Preise müssen Endpreise sein (Pfand separat) (Ausnahme: Lose Ware, hier nur Grundpreis) 4. Die Menge, die Güteklasse oder die Leistungseinheit müssen angeben werden 5. Der Grundpreis (Preis pro Liter/pro kg/pro Meter/pro m^2/pro m^3/pro 100 gr/pro 100 ml) muss angegeben werden 6. Kein Grundpreis bei Stückware und kein Grundpreis, wenn Geschäfte weniger als 200 m^2 haben 7. Preisreduzierte verderbliche Ware nur aktueller Endpreis, bei Rabattaktionen alter und neuer Preis 8. Bei Online-Angaben Hinweis auf enthaltene Umsatzsteuer und Angabe der möglichen Versandkosten

Stichwort	Kurzerläuterung
Regalzonen	Reckzone – Sichtzone – Greifzone – Bückzone
Sandwich-Methode	Der Verkäufer packt den Preis zwischen zwei Vorzüge des Produktes. Beispiel: „Diese handliche Kamera mit sage und schreibe 12 Millionen Pixeln Auflösung kostet nur 159,- €. Die enthaltene Speicherkarte bietet grandiose 64 GB Speicherplatz."
Sonderaktionen	Sonderaktionen sind Verkaufsfördermaßnahmen, die dem schnelleren Waren- oder Dienstleistungsabsatz dienen. Hierzu muss der Personenkreis (z.B. für Neukunden) und alle Beschränkungen aufgelistet sein, also etwa vom ... bis..., höchstens 3 Packungen pro Haushalt, Gutschein einlösbar bis zum... Werbeplanung notwendig (siehe S. 11)
Umtausch-Serviceleistung	Normalerweise können nach dem Gesetz keine mängelfreien Sachen „umgetauscht" werden. Aber viele Geschäfte bieten aus Kulanz diesen Umtausch an. Dabei ist die Zeitspanne sehr unterschiedlich. Im Weihnachtsgeschäft sind diese Kulanzangebote üblich - und gehören mit zum Service. Der Umtausch wird auch gern angeboten, um ein Gegenangebot zum gesetzlich verpflichtenden Rückgaberecht von 14 Tagen machen zu können.
Verbundplatzierung	Dem Kunden wird an einer Stelle des Geschäftes eine Komplettlösung angeboten, damit er nicht durch alle Gänge laufen und suchen muss. Zudem steigt die Chance auf den Kauf von Ergänzungs- und Zusatzprodukten. So werden während der Grillzeit gern Ecken eingerichtet, in denen alles zum Grillen angeboten wird: Grillwurst, Saucen, Ketchup, Holzkohle, Zangen, Grills, Alufolie, Bier, Sekt, Kartoffelsalat - am besten neben der Fleischtheke. Diese Form der Verbundplatzierung nennt man auch Cross-Promotion.
vorbereitende Arbeiten für die **Kassenübernahme**	*Kasse und Scanner auf Funktionstüchtigkeit prüfen - Arbeitsplatz säubern - Bargeld/Wechselgeld prüfen* Wie spreche ich den Kunden an? Welche Anweisungen liegen vor? Welche Zahlungsmöglichkeiten gibt es bei uns? Wie und ab wann überprüfe ich Karten/Geldscheine? Wie verfahre ich mit Gutscheinen?
Warenvorlage	richtigen Zeitpunkt erwischen - den richtigen Artikel vorlegen - eine angemessene Auswahl präsentieren - sachgerechten Umgang mit der Ware vermitteln - richtige Preislage einschätzen (mit einem mittleren Preis beginnen) - die Sinne mit einbeziehen - nicht gewollte Waren an die Seite packen - guten Geschmack des Kunden loben
Zahlung mit großen Scheinen	Der 500 Euro-Schein wird nicht überall angenommen, obwohl er ein gesetzliches Zahlungsmittel ist. Darauf muss der Händler aber vorher hinweisen. Ähnliches gilt für den 200 €-Schein. (*Seit April 2019 werden keine neuen 500 Euro-Scheine mehr ausgegeben).*

Eigene Notizen

Die Handelsregister

sind zu finden am örtlichen Amtsgericht (vereinfacht)

Am Amtsgericht finden wir:

- die Handelsregister A und B
- das Vereinsregister
- das Genossenschaftsregister
- das Grundbuchamt (alle Grundstücke und Gebäude gelistet)
- Zwangsversteigerungen
- Mahnverfahren-Stelle
- Gerichtsvollzieher
- ein Gericht für Strafverfahren, Familiensachen, Streitigkeiten...
- und vieles mehr....

Jeder kann in die Register reinschauen! Man kann sich sogar die Daten online ansehen!

Handelsregister A	Handelsregister B	Genossenschaftsregister	Vereinsregister
Einzelkaufleute e.K., e.Kfm, e.Kfr. Personengesellschaften wie OHG, KG	Kapitalgesellschaften wie AG, GmbH	Genossenschaften wie Agrargenossenschaften, Bankgenossenschaften	Vereine wie Sportverein, Schützenverein, kulturelle Vereine und viele andere
Eintragungen: Firma-Rechtsform Sitz des Unternehmens Kommanditisten Einlagen Prokura	*Eintragungen:* Firma-Rechtsform Sitz des Unternehmens Geschäftsführer Prokura Kapitalien	*Eintragungen:* Firma Sitz des Unternehmens Geschäftsführer Prokura Vorstand	*Eintragungen:* Satzung des Vereins Vorstand

Vorteile der Eintragung e.K.

- seriöser Auftritt
- professionell
- vertrauensbildend
- Prokura kann erteilt werden

Nachteile der Eintragung e.K.

- Haftung auch bei mündlichen Bürgschaften
- bei mehr als 800.000 € Umsatz oder 80.000 € Gewinn => Bilanz
- IHK-Gebühren fällig

Ob für ein Einzelunternehmen die Pflicht zur Eintragung in das Handelsregister besteht, hängt von mehreren Faktoren ab, z. B. Umfang der Geschäftstätigkeit, Anzahl der Beschäftigten, Standort/Niederlassungen, Höhe des branchenüblichen Jahres- oder Saisonumsatzes (für den Einzelhandel gilt z. B. ein Jahresumsatz von 250.000 € als Indiz für Kaufmannseigenschaft und somit HR-Pflicht).

Die Firma

Die Firma ist der <u>NAME</u> des Unternehmens

Ein Kaufmann kann unter seiner Firma klagen und verklagt werden

Grundsätze

Eine „Firma“ darf sich nur derjenige als Namen zulegen, der im Handelsregister eingetragen ist. Kaufleute ohne Eintragung haben keine Firma.

Zusatz	zur Kennzeichnung der Rechtsform eines Unternehmen
Klarheit	Der Name muss Unterscheidungskraft besitzen, also nicht so allgemein oder unverständlich wie ‚Staubsauger GmbH‘ oder ‚☼♣ Ω KG‘
Wahrheit	Man darf nicht täuschen! Der Bäcker Kurt Knack aus Hintertupfingen darf nicht mit ‚Bundesbäckerei Kurt Knack‘ firmieren
Ausschließlichkeit	In einer Gemeinde darf nur jeweils ein einziges Unternehmen einen bestimmten Namen führen, um Verwechslungen zu vermeiden (nur EINMAL: Ruckzuck Müller, e.Kfm.)
Beständigkeit	Man kann das Unternehmen MIT dem Namen verkaufen, nicht aber NUR den Namen
Öffentlichkeit	Jeder Kaufmann, der eine ‚Firma‘ tragen will, muss sich in das Handelsregister entragen lassen

Zusätze

sind zwingend vorgeschrieben und kennzeichnen dadurch die besonderen Haftungsverhältnisse

eingetragener Kaufmann	e.K. (e.Kfm., e.Kfr.)
offene Handelsgesellschaft	OHG
Kommandit-gesellschaft	KG
Gesellschaft mit beschränkter Haftung	GmbH
Genossenschaft	e.G.
Aktiengesellschaft	AG

Die Kommanditgesellschaft (KG) (vereinfacht)

Die Firma = der Name der KG

- Immer erkennbar an dem Zusatz **KG**
- dazu
  - Personen, z.B. *Heidi Plump KG*
  - Sachen, z.B. *Fischkonserven KG*
  - Mischung, z.B. *Dieter Dick Diamanten KG*
  - Phantasie, z.B. *Larifari KG*

Bedeutung der KG

- Die Haupt-Finanzierung läuft nicht über eine Bank, sondern über Anteilseigner
- Dadurch werden Investitionen einfacher
- Zuständigkeiten werden vertraglich vereinbart

Zusammenhänge zwischen den Gesellschaftern

Vollhafter = Komplementär
(natürliche oder juristische Person)

Er haftet

- **persönlich, unbeschränkt**, also mit seinem gesamten privaten Vermögen
- **solidarisch**, also auch für seine vollhaftenden Mitgesellschafter
- **unbeschränkt und unbeschränkbar**, also immer in voller Höhe, die man auch im Vertrag nicht begrenzen kann
- **direkt und unmittelbar**, also auch, wenn nicht er, sondern ein anderer Gesellschafter Schulden gemacht hat

Teilhafter = Kommanditist
(natürliche oder juristische Person)

- Er haftet nur mit seiner Kapitaleinlage, also seiner Kommandit-Einlage
- Er haftet bei Verlusten angemessen, also so, wie im Vertrag vereinbart mit einem Anteil
- Dafür hat er auch nicht so viel zu sagen und erhält nur entsprechend anteilig etwas vom Gewinn (eigene Seite!)

Natürliche und juristische Personen

Natürlich	Juristisch
§1 BGB - Die Rechtsfähigkeit des Menschen beginnt mit der Vollendung der Geburt. *Die Rechtsfähig endet bei natürlichen Personen mit dem Tod.*	Verein (e.V.) GmbH AG Genossenschaft (e.G.) Bund Land Gemeinde IHK
Alle Menschen sind natürliche Personen	Die Rechte der juristischen Personen werden von einem Vertreter wahrgenommen

Gewinnverteilung in der Kommanditgesellschaft (KG)

Gesellschafter	Kapital €	Verzinsung* z. B. 4% vom Kapital	Restgewinn Anteile* lt. Vertrag	Restgewinn €	Gesamtgewinn €
V = Vollhafter (Komplementär)	50.000,-	2.000,-	6	139.680,-	141.680,-
T1 = Teilhafter 1 (Kommanditist 1)	100.000,-	4.000,-	3	69.840,-	73.840,-
T2 = Teilhafter 2 (Kommanditist 2)	30.000,-	1.200,-	1	23.280,-	24.480,-
Summen	180.000,-	7.200,-	10	232.800,-	240.000,-
					- 7.200,-
					232.800,-

Schritt	
Schritt 1	vorgegebene Daten *(laut Gesellschaftervertrag)
Schritt 2	Verzinsung errechnen und Summen bilden
Schritt 3	Zinssumme vom Gesamtgewinn abziehen
Schritt 4	Restgewinn auf Anteile verteilen [232.800/10 * 6(3)(1)]
Schritt 5	anteilige Zinsen + Restgewinne summieren - PROBE

*Änderung HGB: Ab 01.01.2024 Gewinnverteilung nur noch nach vertraglicher Vereinbarung. (4%-ige Verzinsung auf Kapitalanteil keine gesetzliche Pflicht mehr.)

Unternehmen im Vergleich

Unternehmensform	Mindestkapital	Haftung	Geschäftsführung innen	Geschäftsführung außen	Gewinne und Verluste	Organe
Einzelunternehmen e.K., e.Kfm., e.Kfr. → Handelsregister A	-	mit dem gesamten Vermögen, auch privat	Der Inhaber darf und muss die Geschäftsführung ausüben		erhält den gesamten Gewinn und trägt alle Verluste	-
OHG = Offene Handelsgesellschaft → Handelsregister A	-	alle Gesellschafter mit dem gesamten Vermögen, auch privat: solidarisch, unmittelbar und unbeschränkt	jeder Gesellschafter allein - Widerspruchsrecht vereinbar - oder dass für bestimmte Geschäfte ALLE zustimmen müssen	jeder Gesellschafter allein (die internen Vereinbarungen gelten nach außen nicht!)	ab 2024: nach Vereinbarung der Gesellschafterversammlung (*alt:* 4 % auf Kapital, Rest nach Köpfen)	-
KG = Kommanditgesellschaft → Handelsregister A	-	Vollhafter (Komplementäre) haften wie die Ges. in der OHG *Teilhafter haften nur mit ihrer Einlage*	Vollhafter (Komplementäre) haben Geschäftsführungsbefugnis *Die Teilhafter (Kommanditisten) haben das Bilanzkontrollrecht und ein Widerspruchsrecht bei außerordentlichen Geschäften*	Vollhafter (Komplementäre) haben Geschäftsführungsbefugnis *Die Teilhafter (Kommanditisten) können Prokura erhalten*	ab 2024: nach Vereinbarung der Gesellschafterversammlung (*alt:* 4 % auf Kapital, Rest in angemessenem Verhältnis)	-
GmbH = Gesellschaft mit beschränkter Haftung → Handelsregister B	Stammkapital mindestens 25.000 €	Die GmbH haftet nur bis zur Höhe ihres Stammkapitals	Ein Geschäftsführer oder mehrere gemeinsam		Gewinn und Verlust im Verhältnis der Geschäftsanteile	Geschäftsführer Aufsichtsrat (ab 500) Gesellschafter-Versammlung
AG = Aktiengesellschaft → Handelsregister B	Grundkapital mindestens 50.000 €	Die AG haftet nur bis zur Höhe ihres Grundkapitals	Alle Vorstandsmitglieder gemeinsam		Gewinn: Im Verhältnis der Aktienanteile = Dividende *Verlust: mit dem sinkenden Aktienwert*	Vorstand Aufsichtsrat Hauptversammlung

Der Kommissionär (selbstständig)

verkauft in eigenem Namen gegen Provision - für die Rechnung eines Autraggebers

Unsere Pflichten

- Sorgfältig mit den fremden Sachen umgehen
- Verkaufte Sachen dem Auftraggeber anzeigen
- Rechenschaft ablegen über Zahlungen und Provisionen

Unsere Rechte

- Provisionen direkt von den Zahlungen abziehen
- Aufwandersatz für Lagerkosten berechnen
- Zurückbehalten der Ware, wenn Forderungen offen

Zusammenhänge

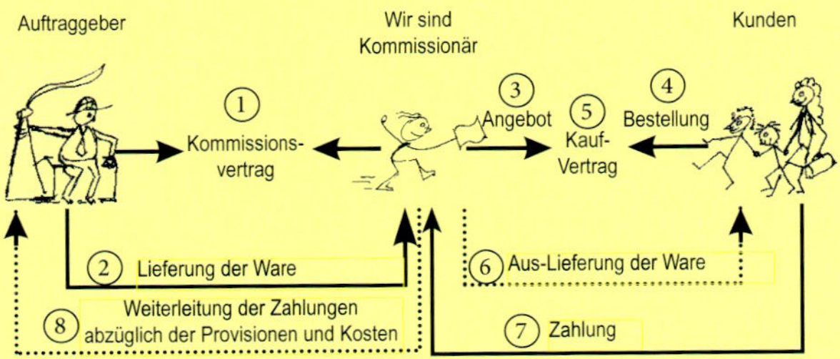

Unsere Vorteile

- Wir vergrößern unser Sortiment ohne Risiko, denn was nicht verkauft wird, geht zurück
- Wir zahlen die Kommissionsware erst nach dem Verkauf UND ziehen sofort unsere Provisionen ab.
- Die Liefer-, Rücksende- oder Lagerkosten zahlt der Auftraggeber

Unsere Nachteile

- Wir stellen Platz und Knowhow günstig zur Verfügung

Anmerkungen: Der Kommissionär (WIR) stellt dem Auftraggeber ein fertiges Verkaufssystem zur Verfügung, denn WIR kennen die Kunden und die Absatzmöglichkeiten. Dafür können wir relativ lange (ein halbes bis zum ganzen Jahr) mit dem Geld aus den Verkäufen arbeiten - und brauchen dann erst abzurechnen - unter Abzug der Provisionen und der Kosten

Marktforschung

ein Forschungsinstitut wird beauftragt
oder man versucht es selbst.....

....indem der Markt direkt untersucht wird = **Primärforschung** = field research

* *Befragungen*
* *Tests*
* *Beobachtungen*

oder in Statistiken und Büchern gesucht wird
= **Sekundärforschung**
= desk research

* *Prospekte*
* *Preislisten*
* *Vertreterberichte*
* *statistisches Bundesamt*

....über eine langfristig angelegte **Marktbeobachtung** (= fortlaufende Marktuntersuchung in einem längeren Zeitraum)

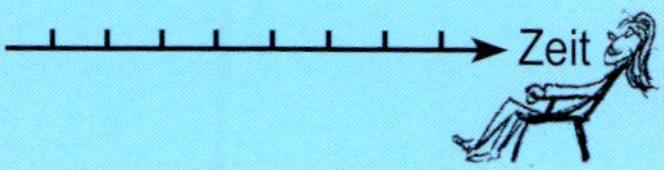

...oder über eine kurzfristige **Marktanalyse** (= Marktuntersuchung zu einem bestimmten Zeitpunkt)

...auf dem Beschaffungsmarkt
* *wo finde ich meine Güter, preiswert und qualitativ hochwertig?*

...auf dem Absatzmarkt
* *welche Kundenkreise kommen für mich in Frage?*
* *welches Sortiment soll ich anbieten und verkaufen?*
* *welches Preissegment wähle ich?*

...bei der Konkurrenzanalyse
* *wie hebe ich mich von der Konkurrenz ab?*
* *sind die Konkurrenten besser aufgestellt bei den Produkten, dem Preis oder dem Service?*

Die Ergebnisse von **Marktbeobachtung** oder **Marktanalyse** werden in der **Marktprognose** zusammengefasst. Aufgrund dieser Marktprognose werden die richtigen **Marketinginstrumente** zu einem **Marketing-Mix** ausgewählt.

Marketing-Mix

with the 4 P's

Produktpolitik

Product

- P-Innovation (neu)
- P-Variation (Veränderung)
- P-Elimination (raus!)
- P-Differenzierung (z. B. jede Größe)
- P-Diversifikation (anderes, neues P)
- P-Gestaltung (Optik)
- Sortimentsgestaltung (tief/breit)
- Servicepolitik (After Sales)

Preispolitik

Price

Preis-Politik = Kontrahierungspolitik

- Preisstrategie (hoch – niedrig)
- Abschöpfungs-Skimming-Strategie
- Marktgewinnungs-Penetrations-Strategie
- Preisdifferenzierung
  - zeitlich – räumlich – sachlich
  - nach Käuferschichten – Menge
  - Verwendung

Kommunikationspolitik

Promotion

- Werbung (wo, wann, wie, wen)
- Verkaufsförderung (Sales Promotion)
- Product-Placement (BMW in Krimi)
- Public Relations (für das Unternehmen werben, z. B. durch Sponsoring)
- Messen (wo ist IHRE Messe/Fachausstellung?)
- Directmarketing (anrufen, anschreiben)
- Couponing (Punkte sammeln)

Distributionspolitik

Place

direkt:

- Verkaufsniederlassung
- persönl. Direktverkauf (Staubsauger)
- Telefonverkauf – E-Commerce

indirekt: zwei- oder dreistufig

- Kommissionsverkauf
- Franchising (Verkauf über „Lizenznehmer")
- Logistik (z. B. Ware ausliefern?)

Lieferungsverzug (Nicht-Rechtzeitig-Lieferung)

Voraussetzungen	Rechte *wahlweise:*	Rechte beim Fixkauf
- nicht rechtzeitig geliefert ***oder*** schuldhaft nicht geliefert + Leistung noch möglich - **Mahnung** wenn Liefertermin ***NICHT*** kalendermäßig bestimmt, sonst Mahnung überflüssig - **Nachfrist** setzen für Rücktritt/Schadenersatz - **Verschulden** wenn höhere Gewalt, dann **keine** Rechtsfolgen	- **Erfüllung** - **Erfüllung + Schadenersatz** - **Rücktritt vom Vertrag + Schadenersatz** (nach Nachfrist) - **Schadenersatz** (nach Nachfrist)	- **Erfüllung** (aber: unverzügliche Mitteilung an den Verkäufer) - **Rücktritt ohne Nachfrist** (ohne Rücksicht auf Verschulden) - **Schadenersatz** (bei Verschulden) ***Möglichkeiten für Schadenersatz:*** *konkret:* *berechenbar* *abstrakt:* *geschätzt (entgangener Gewinn)* *vertraglich:* *Konventionalstrafe*

Franchising

Beispiele: McDonalds, Benetton, Schülerhilfe, Backwerk, OBI, vom Fass, Yves Rocher, Fitness First, das Futterhaus, Kamps, KFC, Burger King, subway, Backkönig, Coca-Cola, Pepsi, Hertz... .

Der Franchise-Geber stellt dem Franchise-Nehmer Geschäftskonzept, Name, Markennutzungsrechte, Idee, Organisation, Beschaffung und Marketing für einen Teilmarkt zur Verfügung.

Vorteile Franchise-Nehmer	Nachteile Franchise-Nehmer
▶ schneller Markteintritt ▶ Nutzung des Marketing, etwa durch einheitliche Werbung ▶ Einheitlicher Auftritt und dadurch hoher Wiedererkennungswert ▶ bekannte, effiziente Arbeitsabläufe ▶ Größenvorteile bei der Beschaffung nutzen ▶ Schulungen und Weiterbildungen beim Franchise-Geber	▶ Absatzrisiko - aber geringe unternehmerische Freiheit ▶ muss sich fast ausschließlich nur auf das Franchise-Sortiment beschränken ▶ Anfangsinvestitionen beträchtlich, etwa durch die Lizenzzahlung, aber niedriger als bei eigener Geschäftsgründung ▶ Franchise-Gebühren bis zu 33% des eigenen Umsatzes ▶ keine gesetzliche Grundlage

Firmen-Leasing

Anwendungs-Beispiele: Autos, Maschinen, Büroausstattung und Büromaschinen (Kopierer, Drucker...), Kommunikationssystem (Telefone, Faxe, Internetzugänge), Personal, Immobilien...

Leasing kommt aus dem Englischen und heißt „mieten“ oder „pachten“. Der Leasinggeber überlässt das Auto, die Maschine oder auch den Mitarbeiter eine Zeit lang dem Leasingnehmer gegen Entgelt.

Vorteile Leasing-Nehmer	Nachteile Leasing-Nehmer
▶ Kein großer Anschaffungs-Kredit notwendig, sondern nur monatliche Zahlungen ▶ Damit ist der LN liquide geblieben oder geworden ▶ Durch die relativ kurze Laufzeit (meist 3 Jahre), altern die Geräte oder das Auto nicht, sie werden durch neueste Modelle ersetzt ▶ Das Finanzamt erkennt die Leasingraten als Aufwand an (Regel)	▶ laufende Leasingraten belasten laufende Liquidität ▶ Über das Auto oder die Maschine kann der LN nicht so verfügen als sei es sein Eigentum (z. B. kein Verkauf) ▶ zusätzliche Belastungen wie (Vollkasko-)Versicherungen, z. B. Inventarversicherungen, Autoversicherungen sind üblich ▶ Vetragsauflösungen vor Ablauf sind teuer

Deckungsbeitragsrechnung (DB)

DB = Erlös – variable Kosten ❖ DB – (anteilige) fixe Kosten = Gewinn/Verlust

Warengruppe *(Rechnung in €)*

Artikel	Hemd	Jacke	Hose	Anzug
Nettoverkaufspreis/Stück – variable Stückkosten	60,00 – 62,00	170,00 150,00	120,00 95,00	280,00 230,00
Deckungsbeitrag/Stück *Absatz*	– 2,00 *544*	20,00 *321*	25,00 *347*	50,00 *215*
Deckungsbeitrag gesamt	– 1.088,00	6.420,00	8.675,00	10.750,00
alle Deckungsbeiträge	24.757,00			
– anteilige Fixkosten	– 18.677,00			
Gewinn	6.080,00			

Jacken, Hosen und Anzüge erwirtschaften positive DBs. Die Hemden tragen einen Verlust bei. Was soll man mit den Hemden machen?

1. Hemden werden aus dem Sortiment genommen (eliminiert)(ohne Hemden???)
2. Der Verkaufspreis wird erhöht.
3. Wegen des Komplementär-(Ergänzungs-)Effekts lasse ich die Hemden beim Verlust.
4. Ich kaufe preiswertere Hemden ein oder verhandle um einen günstigeren Einkaufspreis.
5. Die variablen Kosten in der Hemdenabteilung werden gesenkt.
6. *Ihr Vorschlag:*

Produkt *(Rechnung in €)*

Nettoverkaufspreis Kleid	130,00
– Bezugskosten Kleid	92,00
– variable (Handlungs)kosten	15,50
= Deckungsbeitrag pro Kleid	22,50
Absatzzahlen Kleid: 333 Stück (x 22,50)	
gesamter Deckungsbeitrag	7.492,50
– anteilige Fixkosten	3.456,70
Gewinn	4.035,80

Solange ein Produkt einen positiven Deckungsbeitrag erwirtschaftet, sollte man es nicht eliminieren.

Stichworte aus GP-Prüfungen

Stichwort	***Kurzerläuterung***
Deckungsbeitrag	Umsatzerlöse - variable Kosten = Deckungsbeitrag [- fixe Kosten = Ergebnis]
Eigen-/Fremdkapital errechnen	EK (Eigenkapital) = GK (Gesamtes Kapital) - FK (Fremdkapital wie Verbindlichkeiten, Darlehen...) | FK = GK - EK | GK = EK + FK | GK = Anlagevermögen (z. B. Ladenlokal, Einrichtung) + Umlaufvermögen (z. B. Bankguthaben, Waren)
Fixkauf	Kauf zu einem bestimmten Zeitpunkt. Lieferungen danach führen ohne Nachfrist zum Verzug.
Gesellschafter oder allein?	Gesellschafter bringen Kapital, manchmal auch Kompetenzen, übernehmen damit auch Risiko, nehmen allerdings die Eigenständigkeit (Entscheidungskompetenz) und einen Teil des Gewinnes mit.
Konkurrenzbeobachtung	ständiges Beobachten der Konkurrenz hinsichtlich der Preise und (Sonder-)Angebote, um es besser zu machen
Unternehmenskrisen Gründe	Kunden zahlen zu spät oder gar nicht, fehlendes Controlling, schlechte Finanzierung, autoritäre Führung, mangelnde Kommunikation, Absatzrückgang, nicht motivierte Mitarbeiter, stärkere, neu aufgestellte Konkurrenz, Internetkonkurrenz...
Mail-Bestellung verbindlich?	Grundsätzlich verbindlich, wenn es keine gesetzliche Formvorschrift gibt. Bei normalen Verkäufen also verbindlich.
Maßnahmen zur Senkung des Bezugspreises	Kalkulation: Listeneinkaufspreis – Rabatt = Zieleinkaufspreis – Skonto = Bareinkaufspreis + Bezugskosten = Bezugspreis Senkung des BP durch Verhandlung über niedrigere LEPs, höhere Rabatte und Skonti, niedrigere Bezugskosten
Preisauszeichnung	Jeder, der Endverbrauchern gewerbsmäßig Waren oder Dienstleistungen anbietet, ist verpflichtet, den Preis einschließlich Umsatzsteuer (MwSt.) und aller eventuell zusätzlich anfallenden Preisbestandteile anzugeben, den sogenannten Endpreis. Nicht zum Endpreis zählt das Pfand, z.B. bei Pfandflaschen, das aber zusätzlich zum Endpreis anzugeben ist.
Umsatz-Erlöse pro m² oder pro Mitarbeiter	Erlöse: 12.000 € | Ladenlokal 400m² | pro m² → 12.000 : 400 = 30 €/m² Erlöse: 12.000 € | Mitarbeiter 12 | pro Mitarbeiter → 12.000 : 12 = 1.000 €/Mitarbeiter
Werbeagentur warum?	Spezialisten einschalten, Budget begrenzen, Wirkung messen
Werbeplan	beinhaltet: **Trä**ger, **Ge**biet, **Zi**el, **Ge**ld, **Da**uer, **O**bjekt, **Per**sonen [TräGe ZieGe, Da OPer]
Zielvereinbarungen	werden von Geschäftsleitung und Mitarbeitern übereinstimmend getroffen, etwa über Umsatzhöhe, Verhalten gg. Kunden ...

Personalunterlagen

Bewerbungsunterlagen

zur Person	zur SozialVers + Steuer	Kopien von Urkunden	zur Gehalts-abrechnung	sonstige
• *Bewerbungs-schreiben* • *Arbeitszeugnisse* • *Schulzeugnisse* • *Berufsabschluss* • *Lebenslauf* • *Passbild* *(keine Pflicht)* • Führungszeugnis • Aufenthaltserlaubnis • Arbeitserlaubnis • Nebenbeschäf-tigungen	• Krankenkasse • Sozialversiche-rungsausweis • Zusatzversorgun-gen • vermögenswirksa-me Leistungen • Lohn/Gehaltsbe-scheinigungen • Lohnsteuer-angaben	• Führerschein • Schwerbehinder-ten-Ausweis • Pfändungs-beschluss • Gesundheits-zeugnis	• Heiratsurkunde • Geburtsurkunden • Sterbeurkunde des Ehegatten	• Personalbogen • Urlaubsliste • Fehlzeiten • Beurteilungen • Ermahnungen • Abmahnungen • *Weiterbildungs-nach- weis* • *Referenzen*

Rechtliche Grundlagen: Die Sammlung der für das Arbeitsverhältnis relevanten Unterlagen durch den Arbeitgeber wird durch arbeitsrechtliche Vorschriften bestimmt. Der Mitarbeiter hat das Recht, die Personalakte einzusehen. Personalakten sind strikt vertraulich zu behandeln. Wenn personenbezogene Daten von mindestens zwanzig Mitarbeitern automatisiert oder in sonstiger Form verarbeitet werden, muss der Betrieb einen Datenschutzbeauftragten bestellen.

Ausbildungsvertrag

Inhalte	Pflichten Azubi	Pflichten Arbeitgeber (AG)
▶ Art, Gliederung sowie Ziel der Berufsausbildung ▶ Beginn und Dauer der Berufsausbildung ▶ Ausbildungsmaßnahmen außerhalb der Ausbildungsstätte ▶ Dauer der regelmäßigen täglichen Ausbildungszeit (max 8h) ▶ Dauer der Probezeit (mindestens einer und höchstens vier Monate) ▶ Zahlung und Höhe der Vergütung ▶ Dauer des Urlaubs (30t/<16J, 27t/<17J, 25t/<18J) **Beendigung der Ausbildung:** *Mit Bestehen der Prüfung und dem Überreichen des Prüfungsergebnisses durch den Prüfungsausschuss ist die Ausbildung (vorzeitig) beendet.*	▶ *Lernpflicht:* Azubis müssen sich bemühen, beruflich fit zu werden ▶ *Berufsschulpflicht:* Azubis < 21 J. **müssen** zur Berufsschule (Azubis > 21 J. sind berufsschulberechtigt). ▶ *Sorgfaltspflicht:* Azubis müssen alle Aufgaben sorgfältig ausführen und alle Einrichtungen und Waren pfleglich behandeln ▶ *Gehorsamspflicht:* Azubis müssen den Weisungen der Vorgesetzten folgen ▶ *Dokumentationspflicht:* Azubis müssen einen Ausbildungsnachweis führen ▶ *Ordnungspflicht:* Azubis müssen die geltende Hausordnung beachten ▶ *Geheimhaltungspflicht:* Stillschwei-gen wahren über Betriebs- und Geschäftsgeheimnisse *Merkspruch:* *Le-Be-Sor-Ge-Do-Ord-Geheim*	▶ *Ausbildungspflicht:* Die AG müssen umfassend und zeitgerecht auf das Ausbildungsziel vorbereiten ▶ *Ausstattungspflicht:* Die AG müssen den Azubis kostenlos die Ausbildungs- und Prüfungsmittel zur Verfügung stellen ▶ *Freistellungspflicht:* Die AG müssen die Azubis für die Teilnahme am Berufsschulunterricht und an Prüfungen freistellen. Sie müssen das Führen von Berichtsheften und den Schulbesuch kontrollieren ▶ *Erziehungspflicht:* Die AG müssen die Azubis charakterlich fördern ▶ *Vergütungspflicht:* Die AG müssen den Azubis eine angemessene Vergütung zahlen ▶ *Zeugnispflicht:* Die AG müssen nach Ende der Lehre den Azubis ein schriftliches Zeugnis ausstellen. Auf Verlangen Auszubildender sind auch Angaben über Verhalten und Leistung aufzunehmen

Jugendarbeitsschutz (Ausnahmen nicht vollständig)

	Grundsatz	Ausnahmen (Beispiele)
Arbeitszeit pro Tag / Woche *Tage pro Woche*	max. 8 h / 40 h *max. 5*	max. 8,5 h, wenn an einem anderen Tag verkürzt wird
Schicht = AZ + Pausen	max. 10 h	z. B. Gaststättengewerbe 11 h
Zeitspanne	von 06.00 - 20.00 Uhr	über 16: in Gaststätten bis 22 Uhr, in mehrschichtigen Betrieben bis 23 Uhr, in Bäckereien u.ä. ab 5 Uhr und ab 4 Uhr bei ü17
Pausen = mindestens 15 Minuten am Stück	zwischen 2 Schichten min. 12 h 30 min von 4,5 bis 6 h Arbeitszeit 60 min bei mehr als 6 h Arbeitszeit	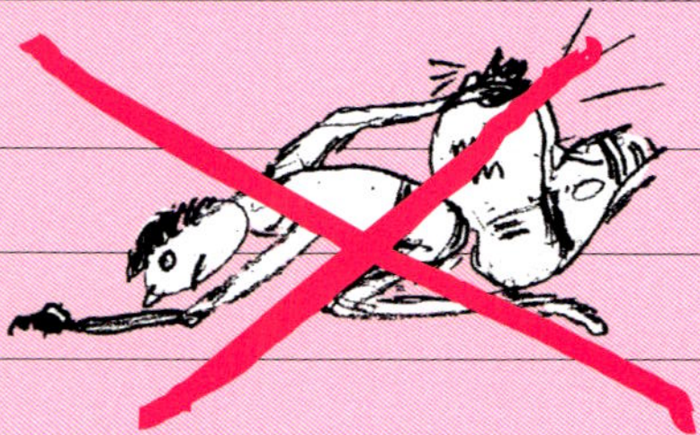
Urlaub - mindestens	30 t für unter 16, 27 t für unter 17, 25 t für unter 18	
Freistellung Berufsschule	Ein ganzer Tag, wenn mehr als 5 Unterrichtsstunden	
Freistellung Prüfung	für alle Prüfungen und 1 Tag direkt vor der schriftlichen Abschluss-P.	
Samstagsbeschäftigung	keine Beschäftigung	z. B. im Gaststättengewerbe und im **Einzelhandel** - mindestens 2 Samstage sollen frei bleiben. Für den Samstag muss an einem anderen Tag der Woche frei sein.
Sonntagsbeschäftigung	keine Beschäftigung	z. B. im Gaststättengewerbe, dabei soll jeder zweite Sonntag frei und es müssen 2 Sonntage im Monat frei bleiben.
Feiertagsbeschäftigung	keine Beschäftigung	z. B. im Gaststättengewerbe, aber nicht am 25.12., 01.01.und 01.05.

Personalbedarfsplanung

Grundsatz: Sollbestand - Istbestand = Personalbedarf

Mein Ausbildungsbetrieb Möbelmarkt EXTRA GmbH & Co. KG				
	Verwaltung + Leitung	Verkauf	Kasse	Gesamt
SOLL-Bedarf (errechnete Stellen eines Jahres)	15	122	12	149
- **IST-Bestand** (heute tatsächlich besetzte Stellen)	- 13	- 121	- 10	- 144
= benötigt werden **brutto**:	= 2	= 1	= 2	= 5
Geplante **Abgänge**				
=> befristete Verträge laufen aus	+ 1	+ 9	+ 2	+ 12
=> Renteneintritt	+ 2	+ 3	+ 1	+ 6
Geplante **Zugänge**				
=> Übernahme von Auszubildenden	- 2	- 7	- 1	- 10
=> Rückkehr aus der Elternzeit	- 2	- 1	0	- 3
Geschätzte **Abgänge (Fluktuation)**	+ 2	+ 8	+ 1	+ 11
= **NETTO-Bedarf**	= 3	= 13	= 5	= 21

Personaleinsatzplanung

Tages-Beispiel bei Öffnung von 08.00 Uhr - 22.00 Uhr

Den Umsatzkurven liegen die Werte der letzten drei Monate zugrunde

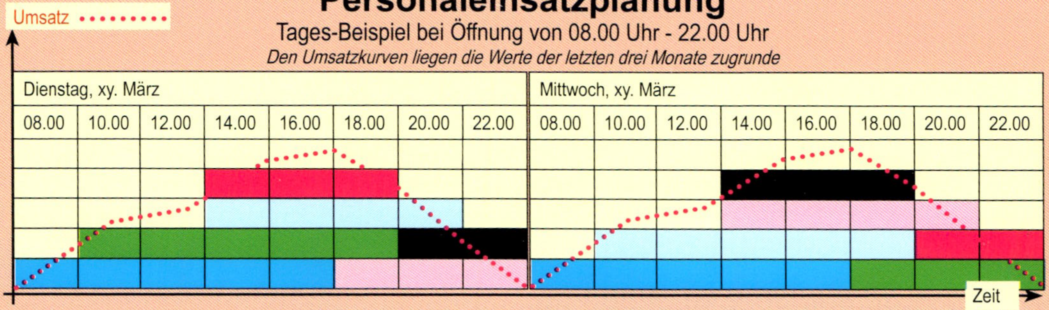

Name	Voll-zeit	Teil-zeit	556 €
Frau Adler			
Fr. Bussard			
Herr Dohle			
Herr Elster			
Frau Fink			
Herr Gans			

Probleme beim Einsatz - und Lösungsansätze

Grundsatz: Wir versuchen, Ungerechtigkeiten zu verhindern und Wünsche zu berücksichtigen!

1. Frau Adler muss spätestens um 18 Uhr ihre Tochter von der Kita abholen - Einsatz also möglichst von Beginn (08.00 Uhr) an.
2. Herr Elster ist schon 66 und Top-Verkäufer. Hier muss dringend Ersatz geplant werden. Möglich wäre auch, Herrn Gans, der sich sehr gut macht, eine Vollzeit-Stelle anzubieten.
3. Frau Dohle hat einen weiten Weg zum Geschäft, weil sie auf dem Lande wohnt. Deshalb müssen bei ihr lange Wegezeiten eingeplant werden. Ihr Beginn sollte nicht vor 10 Uhr beginnen.
4. Frau Bussards Kinder sind 16 und 18 Jahre alt. Sie möchte gern eine Vollzeitstelle. Wir müssen jetzt prüfen, ob wir lieber Herrn Gans oder Frau Bussard die ehemalige Stelle von Herrn Elster anbieten. Dazu werden wir ein Personalgespräch führen.

Lohn/Gehaltsabrechnung (Muster) Daten von 2025

Bezeichnung	Grundlage	Sätze (€ oder %)
laufende Bezüge	Arbeitsvertrag	
+ geldwerter Vorteil/ Sachbezug	z.B. Dienstwagen - Urlaubsgeld - Weihnachts- geld	
+ vermögenswirksame Leistungen des AG	Die VL wird mit einer Arbeitnehmerzulage durch den Staat gefördert, Laufzeit 7 Jahre	siehe Tarifvertrag
= Sozialvers.-Brutto	= Bemessungsgrundlage für SozVers bis zur Bei- tragsbemessungsgrenze (BBG = Obergrenze), (ab 2025 bundeseinheitliche BBGs in West und Ost)	Monatlich max. 8.050 (RV+ALo) 5.512,50 (KV+PflV)
- Krankenversicherung Arbeitnehmeranteil	BBG beachten insgesamt 14,6 % (+ ggf. Zusatzbeitrag = ZB)	AN 7,3 + ZB/2 AG 7,3 + ZB/2
- Rentenversicherung Arbeitnehmeranteil	BBG beachten insgesamt 18,6 %	AN 9,3 AG 9,3
- Arbeitslosenversich. Arbeitnehmeranteil	BBG beachten insgesamt 2,6 %	AN 1,3 AG 1,3
- Pflegeversicherung Arbeitnehmeranteil	BBG beachten insges. 3,6 %/Kind (2 - 5 Kinder je minus 0,25 %)	AN 1,8 AG 1,8
- PV-Beitragszuschlag	kinderlose AN ≥ 23 + 0,6 % ***NUR AN***	AN 1,8 + 0,6 = 2,4
- Lohnsteuer	Einkommenshöhe und Lohnsteuerklasse Ist ein Freibetrag eingetragen, wird die Steuer vom SozV-Brutto abzgl. Freibetrag berechnet IV/IV dann, wenn beide Einkommen etwa gleich III/V dann, wenn III>V	I - single ohne Kind II- single mit Kind III-verheiratet IV/IV-double-income V -Kombi mit III VI- 2. Lohnverhältnis
- Kirchensteuer von der Lohnsteuer	Die Kirchensteuer beträgt in Bayern und Baden- Württemberg 8 %, sonst 9 % von der Lohnsteuer	8 oder 9
- Solidaritätszuschlag von der Lohnsteuer	Solidaritätszuschlag beträgt 5,5 % von der Lohnsteuer für Einkommen > 80.000 €	5,5
- Sachbezüge		
= Netto	nach Abzug der Steuern und Pflichtbeiträge	
- vermögenswirksame Leistungen	gesamte VWL von AN+AG	
- persönliche Abzüge	z.B. Pfändungen, Werkseinkäufe	
+ Zulagen St.-u SV-frei	z.B. Nacht-, Sonn- u Feiertagszuschläge	
= Auszahlung		

Interne oder externe Stellen-Ausschreibung?

Der Betriebsrat hat das Recht auf eine interne Ausschreibung

Vorteile intern	Vorteile extern
• Eröffnung von Aufstiegschancen • Motivation der Mitarbeiter • stärkere Bindung an den Betrieb • geringere Einarbeitungszeit • geringere Beschaffungskosten • gute Kenntnis der Qualifikationen • betriebliches Lohnniveau bleibt erhalten • schnellere Stellenbesetzungsmöglichkeit • Einstiegsmöglichkeiten für Nachwuchskräfte werden frei • Stelle ist kurzfristig besetzbar • gezielte Förderung wird möglich • transparente Personalpolitik • Unternehmensimage verbessert sich • Man „kennt“ den Mitarbeiter sehr gut	• große Auswahl • Verringerung der Betriebsblindheit • Qualifikationsvergleich interner und externer Mitarbeiter möglich • geringe Fortbildungskosten, da Qualifikation schon vorhanden • keine interne Versetzungsspirale notwendig • Einbringen von neuen Impulsen in den Betrieb • Fremdes Know-how bereichert
Nachteile intern	**Nachteile extern**
• geringe Auswahlmöglichkeiten • Enttäuschung bei abgelehnten Kollegen • kollegiale Bindungen erschweren Sachentscheidungen • Versetzung löst Bedarf an anderer Stelle aus • kaum neue Arbeitskräfte beleben das Unternehmen • Förderung der Betriebsblindheit	• Hohe Beschaffungskosten durch Stellenanzeigen, Auswahl und Vergleich oder Einschaltung von Vermittlern • Risiko einer Fehlbesetzung (Papierform) • Eingliederungsschwierigkeiten möglich • Die Gehälter von „Neuen“ sind häufig höher als die der „Internen“ • Demotivation qualifizierter interner Mitarbeiter möglich

Kündigungsregelungen

Kündigungsschutzgesetz § 1:
Sozial ungerechtfertigte Kündigungen

(1) Die Kündigung ... ist rechtsunwirksam, wenn sie sozial ungerechtfertigt ist.

(2) Sozial ungerechtfertigt ist die Kündigung, wenn sie nicht durch Gründe, die in der Person oder in dem Verhalten des Arbeitnehmers liegen, oder durch dringende betriebliche Erfordernisse bedingt ist.

Außerordentliche Kündigung nach § 626 BGB (fristlose Kündigung)

(1) Das Dienstverhältnis kann von jedem Vertragsteil aus wichtigem Grund ohne Einhaltung einer Kündigungsfrist gekündigt werden

(2) Die Kündigung kann nur innerhalb von zwei Wochen erfolgen.

z. B. Diebstahl - Arbeitsverweigerung - mutwillige Zerstörung - Trunkenheit - Unterschlagung - Tätlichkeiten - Ehrverletzung - sexuelles Fehlverhalten - Verletzung des Betriebsgeheimnisses - Verletzung des Wettbewerbsverbotes - keine Lohnzahlung - unangemeldeter (wilder) Streik - Verletzung des Arbeitsfriedens

Bevor jemand wegen schlechter Leistung oder unentschuldigtem Fehlen gekündigt wird, muss er eine ***Abmahnung*** *(schriftlich, begründet) erhalten haben.*

Beschäftigungsdauer	Frist	zum	für AN/ AG
innerhalb Probezeit (max 6 M)	2 WO		AN AG
< 2 J	4 WO	15. oder Monats-Ende = ME	AN AG
2 J	1 Mon	ME	AG
5 J	2 Mon	ME	AG
8 J	3 Mon	ME	AG
10 J	4 Mon	ME	AG
12 J	5 Mon	ME	AG
15 J	6 Mon	ME	AG
≥ 20 J	7 Mon	ME	AG

Während einer vereinbarten Probezeit, längstens für die Dauer von sechs Monaten, kann das Arbeitsverhältnis beidseitig mit einer Frist von zwei Wochen gekündigt werden.
Der Arbeitnehmer kann - wenn keine vertraglichen Vereinbarungen vorliegen - immer innerhalb der 4-Wochen-Frist kündigen (zum 15. oder ME). **Nur** der Arbeitgeber muss die o.a. Fristen wahren.

Sonderkündigungsregeln

▶ Auszubildende (Berufsbildungsgesetz)
können nur während der Probezeit (mindestens 1 Monat / höchstens 4 Monate) - hier allerdings ohne Angabe von Gründen - danach nur aus wichtigem Grund gekündigt werden

▶ Schwerbehinderte (§ 85ff. SGB IX)
können nur mit Zustimmung des Integrationsamtes gekündigt werden (Frist mindestens 4 Wochen)

▶ Werdende Mütter (§ 17 MuSchG)
dürfen 6 Wochen vor und 8 Wochen nach der Entbindung nicht beschäftigt werden. Zusätzlich ist eine Kündigung ab Kenntnis der Schwangerschaft bis 4 Monate nach der Entbindung - auch für außerordentliche Fälle - unzulässig. Hinzu kommt der Anspruch auf Elternzeit (36 Monate - auch Väter!). Während der Elternzeit ist eine (normale) Kündigung unzulässig. Der Elternzeitberechtigte kann nur unter Einhaltung einer Kündigungsfrist von 3 Monaten zum Ende der Elternzeit kündigen.

▶ Betriebsratmitglieder (§ 15 KSchG)
dürfen während ihrer Zugehörigkeit und bis ein Jahr nach Beendigung der Tätigkeit nicht gekündigt werden. Dies gilt auch für Jugendvertreter. Zustimmung nach § 103 BetrVG erforderlich.

Betriebsrat – Aufgaben und Rechte

Nach dem Betriebsverfassungsgesetz (BetrVG) haben die Arbeitnehmer eines Betriebes mit mindestens 5 Beschäftigten das Recht, einen Betriebsrat zu wählen. Wahlberechtigt sind alle Arbeitnehmer ab 16 Jahren. Wählbar sind Arbeitnehmer ab 18, die dem Betrieb mindestens seit 6 Monaten angehören. Dieser Betriebsrat hat allgemein die Aufgabe, die Interessen der Arbeitnehmer gegenüber dem Arbeitgeber zu vertreten. Der Betriebsrat wirkt mit und bestimmt mit. Seine Größe richtet sich nach der Anzahl aller Arbeitnehmer (§ 1-20 BetrVG).

Aufgaben

1. Überwachung der im Betrieb geltenden Gesetze, Verordnungen, Unfallverhütungsvorschriften, Tarifverträge und Betriebsvereinbarungen
2. Maßnahmen zum Wohl der Belegschaft beantragen
3. Anregungen von Beschäftigten annehmen, mit dem Arbeitgeber darüber verhandeln und über die Ergebnisse informieren
4. Durchführung der Wahl einer Jugend- und Auszubildendenvertretung und Zusammenarbeit mit ihr.
5. Förderung der allgemeinen Beschäftigung im Betrieb
6. Maßnahmen zur Integration aktiv initiieren und begleiten
7. Förderung des Arbeits- und betrieblichen Umweltschutzes

Informations-/Beratungsanspruch

Der Betriebsrat hat einen Informations- und Beratungsanspruch gegenüber dem Arbeitgeber: Er erhält alle nötigen Informationen und Unterlagen. Insbesondere muss der Arbeitgeber den Betriebsrat rechtzeitig informieren und sich mit ihm über die Auswirkungen auf die Arbeitnehmer beraten, wenn betriebliche Räume, technische Anlagen, Arbeitsabläufe und -plätze neu oder umgestaltet werden sollen. Dazu gehören unter anderem auch die Personalplanung, Maßnahmen der Berufsbildung, personelle Einzelmaßnahmen wie Einstellungen, Versetzungen, Ein- und Umgruppierungen und schwerwiegende Betriebsänderungen wie Stilllegung, Verlegung oder Spaltung des Betriebs

Mitbestimmungsrechte

1. Regelungen zur Betriebsordnung und zum Verhalten von Arbeitnehmern
2. Arbeitszeiten-, Pausen- und Urlaubsregelungen
3. Auszahlung der Arbeitsentgelte
4. Einführung von technischen Einrichtungen, mit denen das Verhalten bzw. die Leistung von Arbeitnehmern überwacht werden soll
5. Regelungen zur Verhütung von Arbeitsunfällen und Berufskrankheiten
6. Sozialeinrichtungen (z. B. Kantinen) und Wohnräume von Arbeitnehmern, die dem Betrieb angehören
7. Gestaltung von Löhnen und leistungsbezogenen Entgelten (z. B. Akkord- und Prämiensätze)
8. Regelungen zum Vorschlagswesen
9. Regelungen zur Gruppenarbeit
10. Durchführung betrieblicher Bildungsmaßnahmen

Der Betriebsrat muss vor jeder Kündigung eines Arbeitnehmers angehört werden, da die Kündigung sonst unzulässig ist. Zwar muss der Arbeitgeber einem Widerspruch des Betriebsrats nicht folgen; erhebt aber der Arbeitnehmer Kündigungsschutzklage, muss er in der Regel bis zur endgültigen Gerichtsentscheidung weiterbeschäftigt werden.

Jugend- und Auszubildenden-Vertretung

nur in Betrieben mit mindestens ***fünf*** *wahlberechtigten Jugendlichen oder Auszubildenden*

Organisation	Aufgaben	Rechte
• Wer darf wählen? Alle Jugendlichen im Betrieb unter 18 und alle Auszubildenden. • Wer darf gewählt werden? Alle Arbeitnehmer bis 25 Jahre und alle Auszubildenden • Wann wird gewählt? Alle 2 Jahre im Oktober/November. • Wie viele Vertreter werden gewählt? Je nach Anzahl der Wahlberechtigten zwischen 1 und 15 Vertreter. • Kann ein Jugendvertreter gekündigt werden? Nein, nicht während der Amtszeit und ein Jahr danach auch nicht. • Kann man sowohl im Betriebsrat als auch in der Jugendvertretung sein? Nein. • Kann auch eine Jugendvertretung gewählt werden, wenn es keinen Betriebsrat gibt? Nein.	• Wahrnehmung der betrieblichen Belange der Jugendlichen und der Auszubildenden • Anträge von Maßnahmen beim Betriebsrat - zur Ausbildung, - zu Hilfen bei der Ausbildung, - zur Übernahme nach der Ausbildung • Überwachung von Gesetzen, Vorschriften, Tarifverträgen für Jugendliche und Auszubildende, z.B. des Jugendarbeitsschutzgesetzes. Insbesondere die Einhaltung der Arbeitszeiten, der Pausen, der Wochenarbeitszeit, des Urlaubanspruches oder auch des Schutzes gegen gefährliche Arbeiten sollte die Jugendvertretung kontrollieren. • Anregungen und Beschwerden der Auszubildenden an den Betriebs-/Personalrat herantragen • Verbesserungsvorschläge zur Integration ausländischer Auszubildender • Probleme der Auszubildenden anhören und versuchen zu lösen	• Teilnahme an Betriebsratssitzungen • Stimmrecht in diesen Sitzungen, wenn es um Jugendfragen geht • Teilnahme an Ausschusssitzungen des Betriebsrates • Stimmrecht in diesen Sitzungen, wenn es um Jugendfragen geht • Teilnahme an Besprechungen zwischen Betriebs-/Personalrat und Arbeitgeber • Durchführung von Jugend- und Auszubildendenversammlungen • Durchführung von Jugend- und Auszubildendenvertretungssitzungen • Abhalten von Sprechstunden • Teilnahme an erforderlichen Schulungen auf Kosten des Arbeitgebers • Teilnahme an Einstellungsgesprächen - aber ohne Stimmrecht (wie der Betriebsrat) • Freistellungen innerhalb der Arbeitszeit für Aufgaben, die für die Jugend- und Auszubildenden-Vertretung notwendig sind. Was notwendig ist, entscheidet die Jugendvertretung!

Nur der Betriebsrat darf Verhandlungen direkt mit den Arbeitgebern führen. Sind zur Erfüllung der Aufgaben Gespräche mit den Arbeitgebern notwendig, muss sich die Jugend- und Auszubildenden-Vertretung daher zuerst an den Betriebsrat wenden.

Tarifverträge

Die Parteien	*Die Arten*	*Die Vorteile/Gründe*
Arbeitnehmer - Arbeitgeber • viel zu aufwendig • ungerecht • verwirrend **KEIN** TARIFVERTRAG *Arbeitgeberverbände - Gewerkschaften* = Flächentarifverträge *Arbeitgeber - Gewerkschaft* Haustarifverträge schließt beispielsweise die IG Metall mit der Volkswagen AG ab.	*Lohn- und Gehaltstarifvertrag* - regelt die Höhe der Löhne und der Gehälter für 1 bis 2 Jahre einer Branche in einem Tarifgebiet. *Manteltarifvertrag = Rahmentarifvertrag* regelt längerfristige Vereinbarungen etwa über die Arbeitszeit, die Urlaubsansprüche oder die Einteilung in Lohngruppen	► Die Verträge gelten für alle Arbeitnehmer und alle im Arbeitgeberverband organisierten Arbeitgeber ► Das spart für beide Seiten Zeit und Geld ► Man kann sich in der Laufzeit des Vertrages auf Arbeitsfrieden verlassen ► Die Kalkulation der Personalkosten ist planbar ► Imagegewinn für den organisierten Arbeitgeber

Tarifverträge gelten zunächst nur für die Gewerkschaftsmitglieder bei den Arbeitnehmern, in der Regel werden die Tarife aber für **alle** Beschäftigten übernommen. Tarifverträge gelten zunächst auch nur für die Arbeitgeber, die dem Verband angeschlossen sind. Viele weitere Nicht-Mitglieder schließen sich den Tarifverträgen aber an. Das ist abhängig von der Arbeitsmarktsituation. Bestimmte Beträge dürfen gesetzlich nicht mehr unterschritten werden. Seit Januar 2025 müssen **mindestens 12,82 Euro pro Stunde** gezahlt werden.

Arbeitgeber und Arbeitnehmer können auch einen Vertrag oberhalb des Tariflohns vereinbaren, nie darunter.

40

Tarifauseinandersetzung

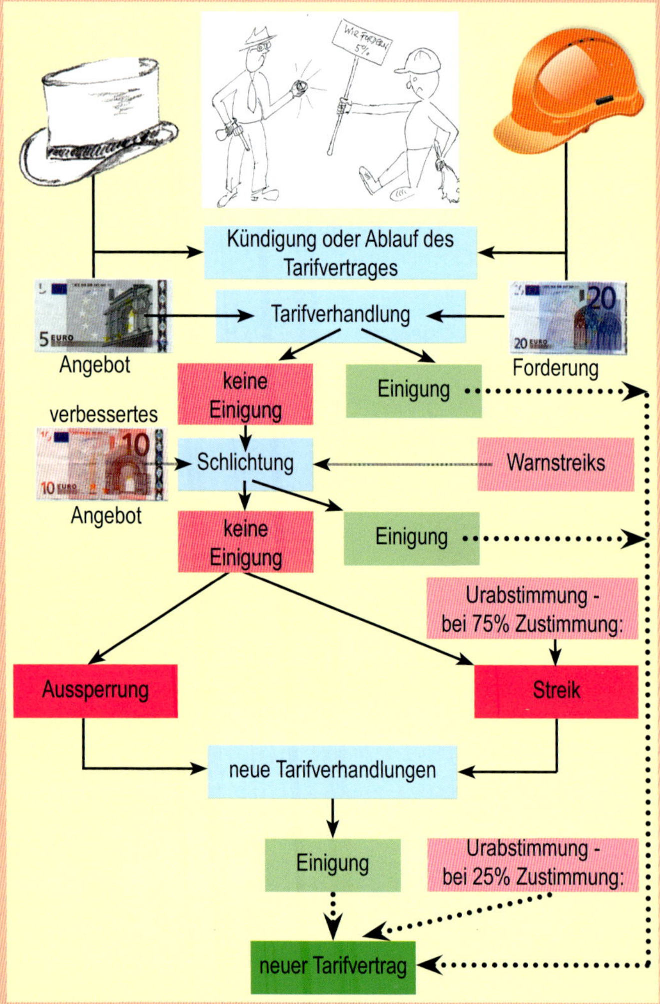

Vollmachten

Man kann nur Vollmachten **unterhalb** der eigenen Vollmacht erteilen!

Handlung	Unternehmer Geschäftsführer	Prokura nur an natürl. Pers.	Allgemeine HV = General-V	Artvollmacht = Teilvollmacht	Spezialvollmacht = Einzelvollmacht
		Eintragung ins HR = deklaratorisch	keine Eintragung ins Handelsregister		
Eid leisten Steuererklärung unterschreiben Handelsregister-Eintragungen vornehmen Konkurs anmelden Geschäft verkaufen Prokura erteilen Gesellschafter aufnehmen Bilanz/Inventar unterschreiben		Einzel-P: kann allein unterschreiben Gesamt-P: mindestens 2 Prokuristen unterschreiben	V für alle gewöhnlichen Geschäfte des U, in dem er arbeitet Gesamt-HV: mindestens 2 entscheiden zusammen	V für nur eine Art im Geschäftsleben, z. B. Einkauf oder Verkauf Asien...	Einzel-V für meist nur EINEN Abschluss
Grundstücke belasten oder verkaufen		mit Sondervollmacht möglich			
Grundstücke kaufen Handlungs-Vollmacht erteilen Prozesse führen Darlehen aufnehmen Wechselverbindlichkeit unterschreiben			mit Sondervollmacht möglich		
Zahlungsgeschäfte erledigen Produkte verkaufen Mitarbeiter einstellen Mitarbeiter entlassen				mit Sondervollmacht möglich	
Kaffee einkaufen - Post abholen u.ä.					mit Sondervollmacht möglich
Unterschriftszusatz		ppa oder pp	iV oder iA (rechtlich gleich, betrieblich geregelt)		

Stichworte aus GP-Prüfungen - Personal

Stichwort	Kurzerläuterung
Umschulungsmaßnahmen der Bundesagentur für Arbeit	Wird jemand in seinem und durch seinen Beruf krank, kann er umschulen. Diese Umschulung wird bezahlt von der Bundesagentur für Arbeit (BA), aber auch als Reha-Leistung von der Berufsgenossenschaft oder der Rentenversicherung.
befristeter Arbeitsvertrag	Im Gegensatz zu einer unbefristeten Beschäftigung endet das Arbeitsverhältnis bei einem befristet Beschäftigten mit dem Ablauf der Frist - eben an einem bestimmten, im Vertrag festgehaltenen Datum. Dazu bedarf es keiner besonderen Kündigung mehr. Ein befristeter Vertrag darf höchstens 2 Jahre laufen.
	eigene Notizen
	eigene Notizen

PLU-Verfahren - GTIN / EAN

Price-Look-up-Verfahren: Abruf des Preises eines beliebigen, elektronisch codierten Artikels vom zentralen Rechner. Die Codierung erfolgte als GTIN-Strichcode. Dieser wird bei einem Verkaufsvorgang mit einem Scanner an der Kasse eingelesen.

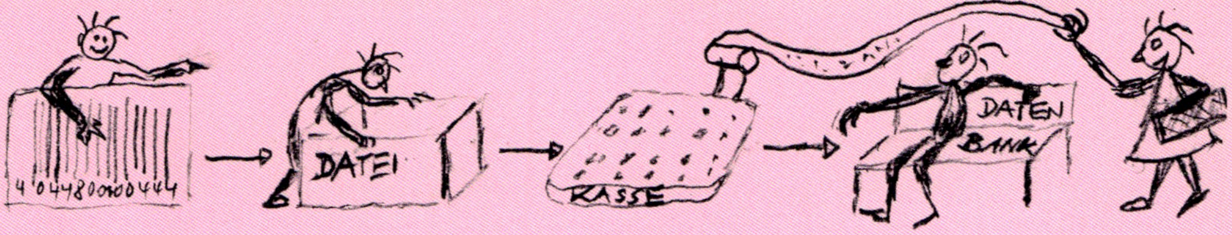

GTIN einlesen an der Kasse z.B. mit Scanner → Preis in PLU-Datei abrufen meist im eigenen Server → Kasse schickt Daten → an die Datenbank... (Warenwirtschaftssystem) → ...und druckt den Einkaufsbon aus

GTIN = Global Trade Item Number (früher: EAN = European Article Number)

Die GTIN ist eine Identifikationsnummer. Sie ist im Regelfall 13-(14)-stellig und enthält nur Ziffern (keine Buchstaben oder Sonderzeichen). Aufbau: Die ersten drei Ziffern stehen für das Herstellerland (400-440 stehen für Deutschland). Die nächsten Ziffern kennzeichnen den Hersteller des Produktes. Die jetzt folgenden Stellen werden mit der individuellen Artikelnummer (des Herstellers) versehen. Die letzte Stelle ist die Prüfziffer.

<u>Vorteile:</u> *1. Die Etikettierung der einzelnen Waren kann entfallen, da die Preisauszeichnung sich auf die Regale beschränken kann.*
2. An der Kasse spart man Zeit (nur einscannen)
3. Sicherheit des richtigen Erfassens, da keine Tippfehler beim Eintippen gemacht werden können.

Lieferantensuche und Anfrage

konventionelle Suche

- ABC der deutschen Wirtschaft
- Gelbe Seiten
- Wer liefert was?
- eigene Lieferantendateien
- Vertreterbesuche
- Fachmessen, Ausstellungen
- Kataloge und Preislisten von Anbietern
- Anfrage über Mail oder Brief oder Fax

Internetsuche

- allgemeine Produktsuche über Google o.ä.
- Einengung der Suche durch Spezifizierung des Produktes
- Einengung der Suche durch Anforderungen u.o. Ort
- Bitte um Kontaktaufnahme oder
- konkrete Beschreibung der Anforderung über die Anbieterseite
- Angabe über das eigene Unternehmen
- variable Inhalte durch Screenshot sichern
- Anfrage über Mail

Die Anfrage

*Eine Anfrage ist grundsätzlich **NICHT** rechtsverbindlich. Sie führt **NICHT** zu einem Vertrag!*

Eine Anfrage sollte enthalten:

1. Grund der Anfrage	Warum wende ich mich genau an diesen Händler? Ist er empfohlen worden? Habe ich ihn im Internet gefunden? Hat er uns eine Werbung geschickt?
2. Wunschobjekt	Wir suchen ..... Ware/Produkt (genau beschreiben, Vorgaben festlegen)
3. Menge	Wir nennen die Menge, die benötigt wird (und eventuell auch Aussicht auf mehr für spätere Aufträge)
4. Preis	Wir fragen nach dem Preis mit mengenabhängigen Rabatten
5. Zahlungsbedingungen	Wir wollen wissen, wann wir bezahlen müssen (Zahlungsziel - sofort, nach 30 oder 60 Tagen?) und ob und wie viel Skonto gewährt wird
6. Lieferungsbedingungen	Ist die Ware verfügbar? In welchem Zeitraum kann geliefert werden? Wird ‚frei Haus' geliefert? Was soll der Transport kosten?
7. Unsere Bedingungen	Stellen wir Bedingungen? Etwa ‚Anlieferung nur in der Zeit bis 11 Uhr morgens'?

Lieferantenbewertung

Auswahlkriterien

- Preis
- Lieferbedingungen
- Liefererentfernung (D - Europa - Übersee?)
- Liefertermin (Flexibilität)
- Liefertreue
- Liefersicherheit/-zuverlässigkeit
- gelieferte Qualität
- Garantien
- Beratung
- Image
- Flexibilität bei Produktänderungen
- Innovationsfähigkeit
- Mindestabnahmemengen
- Abrufaufträge möglich?
- Rahmenverträge möglich?
- Gegengeschäfte - Kooperationen
- After-Sales-Service
- QS-zertifiziert?
- Öko-Ansprüche erfüllt?
- ....

Bewertungsschema (Beispiel)

Kriterium	Lieferanten				
	maximal	A	B	C	D
Qualität	10	9	9	10	8
Preis	10	8	10	7	7
Zahlungsbedingungen	3	2	2	3	1
Lieferbedingungen	5	4	5	3	3
Zuverlässigkeit	7	6	5	7	5
Beratung	8	2	5	4	4
After-Sales-Service	6	6	5	6	4
Flexibilität	5	3	3	5	3
Zertifizierungen	6	3	6	6	3
Rahmenverträge	6	0	4	5	5
Image	4	3	4	4	2
Summen	70	46	58	60	45

Bezugskalkulation
Schema und Berechnungstipps

Kalkulationsschema Bezugspreis		
Bezeichnung	Prozent	Euro
Listeneinkaufspreis		44,44
- **Ra**batt	(1) 25	-11,11
= **Zi**eleinkaufspreis		33,33
- **Sko**nto	(2) 3	-1,00
= **Bar**einkaufspreis		32,33
+ **Be**zugskosten		+16,67
= **Be**zugspreis		49,00

Reihenfolge merken über folgende Brücke:

Lira Zisko bar BeBe

Berechnungen

(1)

100% ↔ 44,44 €

25% ↔ x €

x = 25 · 44,44 : 100

(x immer rechts unten platzieren, dann funktioniert: links unten mal rechts oben durch links oben)

(2)

100% ↔ 33,33 €

3% ↔ x €

x = 3 · 33,33 : 100

Dieser Weg oben kann immer mit dem Taschenrechner vollzogen werden, da jeder in Prüfungen nervös ist. Und wenn man immer den gleichen Weg geht, kennt man ihn schließlich auch!

Sie können natürlich jede andere Art der Berechnung vornehmen, die Sie mit Ihrem Fachlehrer geübt haben - nur sollte immer das gleiche Ergebnis herauskommen!

In vielen Fällen werden die Angebote verglichen, um den preisgünstigsten Anbieter zu ermitteln. Aber der Günstigste ist nicht immer der Beste. Es zählen auch:

- gelieferte Qualität
- Liefertermin (Flexibilität)
- Liefertreue
- Mindestabnahmemengen
- Abrufaufträge möglich?
- Liefererentfernung
- Liefersicherheit
- QS-zertifiziert?
- Öko-Ansprüche erfüllt?

Bezugskalkulation
Beispiel

Kalkulationsschema Bezugspreis		
Bezeichnung	Prozent	Euro
Listeneinkaufspreis 6,60€/Stck · 100		660,00
- **Ra**batt	(1) 15	-99,00
= **Zi**eleinkaufspreis		561,00
- **Sko**nto	(2) 3	-16,83
= **Bar**einkaufspreis		544,17
+ **Be**zugskosten		+35,00
= **Be**zugspreis		579,17
Bezugspreis/Stück	: 100	5,79

Aufgabe

Ein Lieferer bietet das Duftwasser BO-Ä zum Preis von 6,60 € pro Stück an. Bei einer Abnahmemenge von 100 Stück erhalten wir 15% Rabatt und 3% Skonto bei Zahlung innerhalb von 10 Tagen. An Bezugskosten werden für die gesamte Lieferung pauschal 35 € berechnet.

Berechnen Sie den Bezugspreis pro Stück, wenn wir 100 Stück bestellen und Rabatt und Skonto in Anspruch nehmen!

---

(1)
100% ↔ 660,00 €
15% ↔ x €
x = 15 · 660,00 : 100 = 99 € [Rabatt]

Beim Dreisatz darauf achten, dass das x unten rechts steht!

(2)
100% ↔ 561,00 €
3% ↔ x €
x = 3 · 561,00 : 100 = 16,83 € [Skonto]

Arbeitsanweisungen:
1. Aufgabe gut durchlesen, die wichtigen Daten markern! Es fällt auf, dass fast alles „pro Stück“ angegeben wird, nur die Bezugskosten gelten für die „gesamte Lieferung pauschal“, also für 100 Stück!
2. Kalkulationsschema für 100 (!!) Stück ausfüllen - schwarze Schrift
3. Berechnungen durchführen - **rote Schrift**

Bezugskalkulation

Angebotsvergleich: Angebote

Lichterketten Eddi Dussel

Angebot
Sehr geehrte Frau Lavendel,
gern bieten wir Ihnen aufgrund Ihrer Anfrage folgende Lichterketten freibleibend an:

Pos	Bestell-nummer	Artikelbeschreibung	Preis pro Stück €
1	1265	LED Mini-Lichterkette - Indoor 10-teilig-warmweiß-Kabel grün-Länge 2,75m-Gewicht 1 kg	3,60
2	3399	LED Lichterkette in/out mit 80x Warmweiß - 25,40m - Kabel grün - Gewicht 4,5 kg	17,30

Alle Preise zuzüglich 19 % Umsatzsteuer.
Zahlungsbedingungen: 2 % innerhalb 10 Tagen, 30 Tage netto
Lieferzeit: 4 Tage - Transportkosten: pauschal 125,- €
Rabatt: ab 1.000 € Netto-Warenwert 2 % - ab 1.500 € - 4 %

Wir würden uns freuen, wenn Ihnen unser Angebot zusagt......

Leuchten Lucia Lichter

Angebot
Sehr geehrte Frau Lavendel,
hier ist unser Angebot über verschiedene Lichterketten im Indoor- und Outdoor-Bereich:

Pos	Artikel-nummer	Artikelbezeichnung		Preis pro Stück €
1	8652	LED Mini-Lichterkette - Indoor		3,90
		10-teilig-warmweiß-Kabel grün-	ab 100	3,70
		Länge 2,85m-Gewicht 1,1 kg	ab 500	3,40
2	2347	LED Lichterkette Outdoor mit		21,30
		80x Warmweiß - 26,10m -	ab 50	19,90
		Kabel grün - Gewicht 5 kg	ab 100	18,10

Auf die Preise müssen 19 % MwSt gerechnet werden!
Wir liefern innerhalb von 10 Tagen frei Haus!
Zahlungsbedingungen: 4 % bei Zahlung innerhalb von 8 Tagen, sonst netto innerhalb von 60 Tagen.

Wir freuen uns auf Ihre Bestellung! .....

Bezugskalkulation

Angebotsvergleich: Berechnung

für eine Bestellung über 100 Stück LED-Indoor und 50 Stück LED-Outdoor

Angebot Lichterketten Eddi Dussel

Bezeichnung	Prozent	Euro
Listeneinkaufspreis		
Pos 1 - 100 Stück zu 3,60 €		*360,00*
Pos 2 - 50 Stück zu 17,30 €		*865,00*
zusammen		1.225,00
- **Ra**batt	2	24,50
= **Zi**eleinkaufspreis		1.200,50
- **Sko**nto	2	24,01
= **Bar**einkaufspreis		1.176,49
+ **Be**zugskosten		125,00
= **Be**zugspreis		1.301,49

Angebot Leuchten Lucia Lichter

Bezeichnung	Prozent	Euro
Listeneinkaufspreis		
Pos 1 - 100 Stück zu 3,70 €		*370,00*
Pos 2 - 50 Stück zu 19,90 €		*995,00*
zusammen		1.365,00
- **Ra**batt	---	0
= **Zi**eleinkaufspreis		1.365,00
- **Sko**nto	4	54,60
= **Bar**einkaufspreis		1.310,40
+ **Be**zugskosten	frei	0
= **Be**zugspreis		1.310,40

Wenn wir ausschließlich nach dem Preis gehen, werden wir bei Eddi Dussel bestellen. Wir können noch weitere Kriterien einfordern: ▶ gelieferte Qualität ▶ Liefererentfernung ▶ QS-zertifiziert? ▶ Öko-Ansprüche erfüllt? ▶ Haben wir gute/schlechte Erfahrungen? In jedem Fall aber sollten wir hier nachverhandeln. Wir rufen etwa Lucia Lichter an, um nachzufragen, ob sie noch etwas am Preis machen kann. Aber auch Eddi Dussel sollte angerufen werden, damit auch er noch z.B. bei den Bezugskosten runtergeht - oder aber beim Skonto höher. Möglicherweise handelt man auch über Nachfolgeaufträge mit dann bereits besseren Konditionen....

Ermittlung des Bezugspreises über Rückwärtskalkulation
ohne Kundenskonto oder Kundenrabatt

Berechnung des Bezugspreises

schwarze Zahlen: gegeben,
rote Zahlen: berechnet

Bezeichnung	%	%-Ansätze		Euro
Bezugspreis		100		244,46
+ Handlungskosten	25	+ 25	(3)	61,11
= Selbstkostenpreis		=125	100	305,57
+ Gewinnzuschlag	10		+10 (2)	30,56
= Netto-Verkaufspreis		100	=110	336,13
+ Umsatzsteuer	19	+19	(1)	63,87
= Brutto-Verkaufspreis		=119		400,00

Berechnungen

► Vorsicht!!!! Wenn man auf 100 € noch 19 % Mehrwertsteuer aufschlagen muss, dann kommt man auf 119 €. In Prozent sieht es genauso aus: Der BruttoVP ist immer 119 %. Mit der gleichen Überlegung rechnen wir RÜCKWÄRTS vom 110 %-NVP auf den SK und mit 125 %-SK auf den BP zurück.

(3)
125% ↔ 305,57 €
25% ↔ x €
x = 25 · 305,57 : 125 = 61,11 €

(2)
110% ↔ 336,13 €
10% ↔ x €
x = 10 · 336,13 : 110 = 30,56

(1)
119% ↔ 400,00 €
19% ↔ x €
x = 19 · 400,00 : 119 = 63,87

Kurzkalkulation: BVP:1,19=NVP:1,10=SK:1,25=BP

Warenwirtschaftssystem (WWS) Vor- und Nachteile

Was ist ein WWS?

Ein WWS bildet alle Warenströme in den Geschäftsprozessen eines Unternehmens ab. Die einzelnen Vorgänge werden digital für den PC erfasst. Sie sind dann jederzeit und für jeden abrufbar. Folgende Bereiche/ Aufgaben werden beispielsweise erfasst:

- Angebote
- Aufträge
- Lieferscheine
- Rechnungen
- Kaufverträge
- Bestellungen
- Lagerbewegungen
- Lagerkennziffern
- Aufstellungen wie Renner/Penner-Listen
- automatische Bestellungen, wenn die Lagerkennzahlen es verlangen
- Provisionsabrechnungen für Verkäufer
- Mitarbeiter-Zeiterfassung
- Statistiken
- Controlling-Daten
- Schnittstelle für einen Onlineshop

Vorteile eines WWS

- Arbeitserleichterung an der Kasse
- Preisauszeichnung vereinfacht
- Bestandsüberwachung des Artikels im Lager mit Meldung des Bestellzeitpunktes und der Bestellmenge
- Auswertung der Daten über alle Artikel jederzeit möglich - man kann erkennen, welche Artikel man aus dem Sortiment entfernen möchte (Pennerliste) oder aber welche Artikel man am besten ergänzt (Rennerliste)
- Kontrolle über die betriebswirtschaftlichen Daten wie etwa die Handelsspanne (was hat mir der Artikel pro Stück und insgesamt gebracht), die Lagerdauer wegen der Kapitalbindung u.s.w.
- Rechnungskontrolle wird vereinfacht
- Marketingstrategie aus Statistiken ableitbar
- Personal kann gezielt eingesetzt werden, wenn die Umsatzdaten nach der Verkaufszeit abgerufen werden

Nachteile eines WWS

- Kontrollmöglichkeiten über verkaufsschwache Zeiten führen zu veränderten Einsatzzeiten der Mitarbeiter - ein Durchatmen wird immer schwieriger
- Oft zu stark ausgerichtet nach den Zahlen. „Penner“ werden entfernt, dadurch wird dem Kunden vielleicht der Eindruck vermittelt, man biete nicht mehr „alles aus einer Hand“ an.
- Ein Kunde jedoch, der wegen eines fehlenden Möbelbeschlages in einen anderen Heimwerkermarkt fährt, entdeckt dort vielleicht eine ihm noch besser anmutende Atmosphäre - und kauft nur noch dort.
- Man verlässt sich nur noch auf Zahlen, dadurch kann eine Reaktion auch zu spät erfolgen.
- Statistiken führen zu wenig Kreativität, sie ersetzen gern Mitdenken und intelligentes, nicht formel-gesteuertes Handeln.

Annahmeverzug (Nicht-Rechtzeitig-Annahme) *(vereinfacht)*

Voraussetzungen	Folgen des Verzuges	Rechte des Verkäufers
1. Käufer verweigert die Annahme – er nimmt Ware nicht an, • die von ihm bestellt war, • zur rechten Zeit geliefert, **2. = Fälligkeit** • an den rechten Ort gebracht wurde • und keine Mängel aufweist **3. = tatsächliches Angebot der Lieferung** Dabei ist ein Verschulden nicht erforderlich.	Der Verkäufer haftet nur noch für Vorsatz und grobe Fahrlässigkeit, wenn an dem Kaufobjekt Schäden entstehen.	**1. Auf Abnahme klagen** (bei eigens für den Käufer produzierten oder schwer zu veräußernden Artikeln) **2. Waren einlagern** auf Kosten und Gefahr des Käufers *Mit Nachfrist:* **3. Selbsthilfeverkauf** • durch **freihändigen Verkauf** (bei Börsen- oder Marktpreisen) • durch **öffentliche Versteigerung** bei beiden Mitteilung an den Käufer über den Ort der Aufbewahrung, Androhung der Maßnahme und Nachfrist, Angabe über Termin und Ort des Verkaufs/Versteigerung • durch **Notverkauf** (bei leicht verderblichen Sachen - ohne Mitteilung) **4. Rücktritt vom Vertrag**

Beschaffungsplanung

Wann ?

- in regelmäßigen Zeitabständen → bei konstantem Absatz
- wenn der Meldebestand erreicht ist → bei unregelmäßigem Absatz
- wenn das Warenwirtschaftssystem ausrechnet, dass in x Tagen Nachschub benötigt wird
- wenn Saisonwechsel bevorstehen (Mode)
- wenn Jahreszeitenwechsel oder Ereignisse bevorstehen (Winter/Sommer, Weihnachten/Ostern...)
- wenn die Renner-Penner-Liste es fordert
- wenn Limits unterschritten werden
- wenn ein Kauf-auf-Abruf-Vertrag ausläuft

Was ?

- nach den Absatzstatistiken der Vormonate oder Vorjahre
- nach der Renner/Penner-Liste
- nach der Kundennachfrage
- nach den neuesten Trendmeldungen
- nach den Jahreszeiten
- nach bevorstehenden Feiertagen oder Ereignissen (Halloween, Valentinstag, Muttertag, Vatertag, Karneval und vom Marketing neu zu erfindende Anlässe)

Wie viel ?

- nachfrageorientiert, nach den Absatzstatistiken
- optimale Bestellmenge, die am Minimum der Gesamtkosten von Lager- und Bestellkosten liegt (Jede Bestellung kostet einen bestimmten Satz an Arbeit und Zeit)

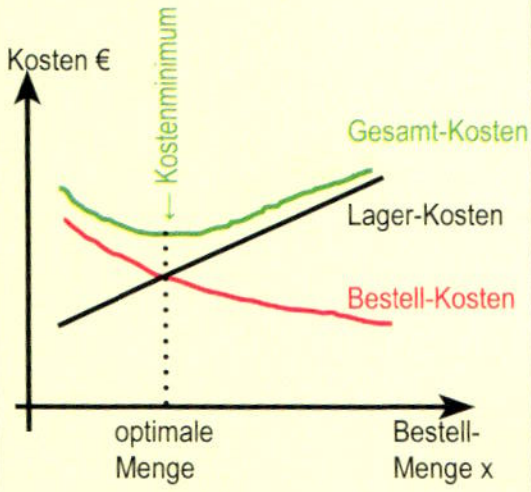

Nach-/Vorteile Bestand

- **Nachteile** durch hohen Bestand
  - → hohe Lagerkosten (Stellflächen, Raumkosten, Pflege...)
  - → erhöhtes Risiko durch Verderb, durch Modeschwankungen, durch technische Veralterung
  - → hohe Kapitalbindungskosten
- **Vorteile** durch hohen Bestand
  - → immer verkaufsbereit
  - → Ausnutzen hoher Rabatte
  - → Sonderangebote nutzen
  - → geringere Transportkosten

Wo?

siehe Seiten 44 + 45 „Lieferantensuche“ und „Lieferantenbewertung“

Lager-Kennzahlen-Begriffe

Begriffe	Meldebestand/Mindest-/Höchstbestand	Kennzahlen (/ heißt : durch)
optimaler Lagerbestand: Kostenminimierung der Beschaffungs- und Lagerkosten	**MeldeB = Verbrauch/Tag * Lieferzeit + Mindestbestand**	*Durchschnittlicher Lagerbestand:* DLB = alle Bestände addieren und durch Anzahl der Bestände teilen (Stück/Anzahl oder €/Anzahl)
Mindestlagerbestand: Eiserner Bestand/Eiserne Reserve (wird individuell festgelegt)	Beispiel: Verbrauch/Tag = 10 Stück Lieferzeit: 5 Tage; Mindestbestand = 30; Höchstbestand = 120 MeldeB = 10 (V/t) • 5 (LZ) + 30 (MiB) = 80	*Endbestand und Anfangsbestand:* EB = AB + Zugänge - Abgänge (alles in Stück oder €)
Meldebestand: Bestellzeitpunkt ist durch eine bestimmte erreichte Menge gekommen. Der jetzt noch existierende Rest muss für die Zeit bis zum Eintreffen der neuen Lieferung reichen	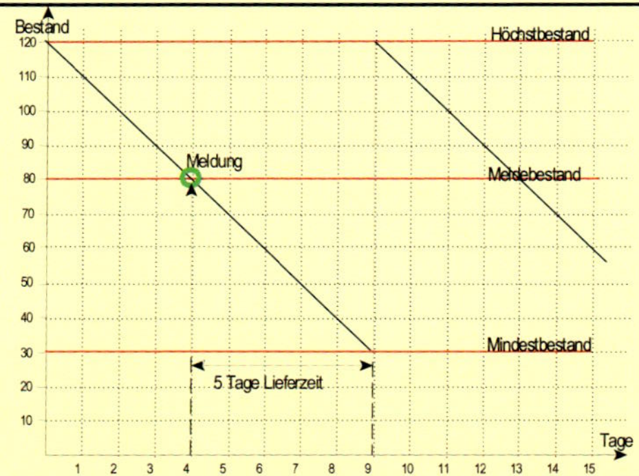	*Umschlagshäufigkeit:* UH = Wareneinsatz / DLB = Stück / Stück oder = Euro / Euro
Höchstbestand: Begrenzung der L-Menge nach oben durch Kapazität, Haltbarkeit, Auftragslage etc. (wird individuell festgelegt)		*Durchschnittliche Lagerdauer:* DLD = 360 / UH *Lagerzinssatz:* LZ = Jahreszinssatz • DLD / 360

Lager-Kennzahlen-Beispiel

Beispielaufgabe

Folgende Daten wurden über das Warenwirtschaftssystem abgerufen:

schwarze Zahlen: vorgegeben
rote Zahlen: berechnet

Tablet All-Good 99-4A		
Einstandspreis (in Euro)		158,00
Verkauf 2024 in Stück		72
Zinssatz der Banken		9,8 %
Bestand am	(in Stück)	Bestand (in Euro)
31.12.2023	23	3.634,00
31.03.2024	18	2.844,00
30.06.2024	15	2.370,00
30.09.2024	28	4.424,00
31.12.2024	6	948,00
Summen	*90*	*14.220,00*

Kennzahlen und Bewertung

Durchschnittlicher Lagerbestand:
DLB = alle Bestände addieren und durch Anzahl der Bestände teilen
Die Anzahl der Bestände wird abgezählt → 5
in Stück: 90 : 5 = 18 in €: 14.220 : 5 = 2.844,00

Umschlagshäufigkeit:
UH = Wareneinsatz : DLB
in Stück : 72 : 18 = 4 in € : (72 • 158) : 2.844 = 4

Durchschnittliche Lagerdauer:
DLD = 360 : UH
DLD = 360 : 4 = 90 [Tage]

Lagerzinssatz:
LZ = Jahreszinssatz • DLD : 360
LZ = 9,8 • 90 : 360 = 2,45 [%]

Die Wichtigkeit der Umschlagshäufigkeit:

$$UH = \frac{WE}{DLB}$$

In unserem Beispiel liegen die Tablets 90 Tage auf Lager, bevor sie verkauft werden. In dieser Zeit müssen wir das Kapital dafür aufbringen. Das sind bei uns 18 • 158 €, die zu 2,45% verzinst werden. Wir zahlen dafür 69,68 € Zinsen. Dies nennt man Kapitalbindungskosten. Wenn wir diese Kosten senken wollen, müssen wir bei dem UH-Bruch entweder den Zähler erhöhen (WE rauf, heißt mehr verkaufen!) oder den DLB verringern (z. B. durch geringere Mengen beim Einkauf). In unserem Beispiel wäre man mit 6 Tablets pro Monat ausgekommen!

Meldebestand aus Artikelstammblatt

Artikelstammblatt vom 11.11.20xx				Berechnungen
Artikelnummer Bezeichnung	4711 Duschgel „Engel"	Warengruppe 3		**Meldebestand (MB):**
Bestand reserviert bestellt	129 17 0	Durchschnitts-Einkaufspreis Warenwert	2,33 € 300,57 €	MB = Mindestbestand + Lieferzeit x Absatz/Tag MB = 20 + 2 x 12 = 44
Lieferant Lieferanten-Nr L-Artikel-Nr	Olé Duft-GmbH 0815 1234567	Mindestbestand Lieferzeit Absatz pro Tag Meldebestand	20 Stck 2 Tage 12 = 44	
Lieferanten-adresse	Veilchengasse 7 57462 Olpe	Telefon Fax Mail	02761 - 445566 02761 - 445567 info@duft.center	*Immer beachten:* *Manchmal müssen Sie in der Aufgabe die drei Angaben (MiBe-LiZei-Ab/tag) regelrecht suchen. Nicht verzweifeln! Das ist wie Ostereiersuche!*

Wie kann man den Meldebstand senken - und damit Lagerkosten einsparen?

1. Der Mindestbestand kann gesenkt werden. Senkt man ihn auf 10, liegt der Meldebstand bei 34.
2. Mit dem Lieferer muss eine kürzere Lieferfrist vereinbart werden. Senkt man diese auf 1 Tag, dann fällt der Meldebstand von ursprünglich 44 auf (20 + 1 x 12) = 32.

Optimale Bestellmenge

Beispielaufgabe

Wir benötigen pro Jahr 80.640 Stück. Jede Bestellung kostet 150 €. Wir zahlen für jedes Stück 1,20 €. Der Lagerhaltungskostensatz wurde bei uns mit 10 % ermittelt.

Ermitteln Sie die optimale Bestellmenge!

Antwort:
optimale Bestellmenge =
6 Bestellungen mit jeweils 13.440 Stück

Beispielberechnung

Bestellungen	Menge (Stück)	Ø Bestand (Stück)	Ø Bestand (in Euro)	Lagerhaltungskosten	Bestellkosten	Gesamtkosten
		immer die Hälfte der eingekauften Menge	durchschnittliche Menge x Einkaufspreis pro Stück (hier: 1,20 €)	hier: 10% vom Ø Lagerwert *(auch: x € pro Stück)*	immer: Anzahl der Bestellungen x Kosten pro Bestellung, (hier: 150 €)	immer: Lagerhaltungskosten + Bestellkosten
1	80.640	40.320	48.384,00	4.838,40	150,00	4.988,40
2	40.320	20.160	24.192,00	2.419,20	300,00	2.719,20
3	26.880	13.440	16.128,00	1.612,80	450,00	2.062,80
4	20.160	10.080	12.096,00	1.209,60	600,00	1.809,60
5	16.128	8.064	9.676,80	967,68	750,00	1.717,68
6	13.440	6.720	8.064,00	806,40	900,00	1.706,40
7	11.520	5.760	6.912,00	691,20	1.050,00	1.741,20

Wann sollte man von der optimalen Bestellmenge abweichen?

→ Engpass, Kapazität, Liquidität, Mindestmenge, Politik, Sonderaktionen, Spekulation, Zinsniveau

Inventur + Inventar (= Bestandsverzeichnis)

Inventur: körperliche oder buchmäßige Bestandsaufnahme aller Vermögensgegenstände und Schulden eines Unternehmens

Stichtags- und verlegte Inventur	permanente Inventur	Inventurdifferenzen	Inventar
Bestandsaufnahme durch Zählen, Messen, Wiegen Am Bilanz-Stichtag (± 10 Tage) werden alle Bestände des Betriebs körperlich aufgenommen. *Bei der verlegten Inventur kann ein Tag in den letzten drei Monaten vor oder zwei Monaten nach dem Bilanzstichtag gewählt werden.* *Vorteile: Genauigkeit am Tag der Bestandsaufnahme, Differenzen zwischen Inventur und Bilanzstichtag werden wertmäßig, aber nicht mengenmäßig erfasst oder ausgeglichen.* Nachteile: Arbeitsüberhäufung, Betriebsunterbrechung, Umsatzverlust und Durchführung der Inventur mit teilweise ungeschulten Kräften (Aushilfen, Studenten, Schüler).	*Datenerfassung bei Ein- und Abgängen* Im Gegensatz zur Stichtagsinventur werden die Bestände nicht an einem bestimmten Stichtag körperlich aufgenommen, sondern „laufend" während des ganzen Geschäftsjahres. Am Bilanzstichtag werden die Bestände aus der buchmäßigen Bestandsfortschreibung in das Inventar übernommen. *Vorteile: keine Unterbrechung des Geschäftsbetriebes, sachkundiges Personal, ständiger Überblick.* Nachteile: Lagerbuchhaltung notwendig und einmal im Jahr Soll-Ist-Vergleich (= körperliche Bestandsaufnahme) machen!	= Differenz zwischen der tatsächlich vorhandenen Menge (Ist-Bestand) und der lt. Buchhaltung angeblich vorhandenen Menge (Soll-Bestand). *Gründe: Fehlerhafte Mengenangabe bei Ein-/Ausbuchung von Artikeln, vergessene Lagerbuchungen, Diebstahl,...* *Konsequenz: Korrekturbuchung auf jeweiligen Bestandskonten nötig* **Buchinventur** Die Buchinventur erstreckt sich auf alle nicht körperlichen Gegenstände z. B: - Forderungen - Bankguthaben - alle Arten von Schulden	Das Inventar ist das ausführliche Bestandsverzeichnis aller Vermögensteile und Schulden eines Unternehmens zu einem bestimmten Stichtag nach deren Art, Menge und Wert. Das Inventar besteht aus drei Teilen: 1. Vermögen 2. Schulden (= Fremdkapital) 3. Eigenkapital *dabei gilt:* Summe des Vermögens - Summe der Schulden (FK) = Eigenkapital (EK)

Ermittlung des Angebotspreises
ohne Kundenskonto oder Kundenrabatt

Berechnung des Verkaufspreises

Bezeichnung	Prozent	Euro
Bezugspreis		300,00
+ Handlungskosten	(1) 22	66,00
= Selbstkostenpreis		366,00
+ Gewinnzuschlag	(2) 11	40,26
= Netto-Verkaufspreis		406,26
+ Umsatzsteuer	(3) 19	77,19
= Brutto-Verkaufspreis		483,45

Berechnungen

► Dreisatz aufstellen - x immer rechts unten - dann:
links unten mal rechts oben durch links oben

(1)
100% ↔ 300,00 €
22% ↔ x €
x = 22 · 300 : 100 = 66 €

(2)
100% ↔ 366,00 €
11% ↔ x €
x = 11 · 366 : 100 = 40,26

(3)
100% ↔ 406,26 €
19% ↔ x €
x = 19 · 406,26 : 100 = 77,19

Ermittlung des Angebotpreises
mit Kundenskonto oder Kundenrabatt

selten in Prüfungen!!!!

Berechnung des Verkaufspreises

BeHa, SelGe, BaSko, ZiRa Lis Um Brut

Bezeichnung	Prozent	Euro
Bezugspreis		200,00
+ Handlungskosten	(1) 20	+ 40,00
= Selbstkostenpreis		240,00
+ Gewinnzuschlag	(2) 10	+ 24,00
= (Netto) Bar-Verkaufspreis		264,00
+ Kundenskonto (im Hundert)	(3) 3	8,16
= Ziel-Verkaufspreis		272,16
+ Kundenrabatt (im Hundert)	(4) 15	48,03
= (Netto)Listen-Verkaufspreis		320,19
+ Umsatzsteuer	(5) 19	+ 60,84
= Brutto-Listen-Verkaufspreis		381,03

Berechnungen

Sobald Kalkulationen den Kunden erreichen (Skonto, Rabatt), müssen Sie beachten, dass der Kunde „von hinten“ rechnet, in unserem Beispiel zieht er seine 15% einfach vom Listenverkaufspreis ab. Also müssen wir schlauerweise beim Zielverkaufspreis schon von 85% ausgehen. Man nennt das „im-Hundert-Rechnung“.

(1)
100% ↔ 200,00 €
20% ↔ x €
x = 20 · 200 : 100 = 40

(2)
100% ↔ 240,00 €
10% ↔ x €
x = 10 · 240 : 100 = 24

(3)
97% ↔ 264,00 €
3% ↔ x €
x = 3 · 264 : 97 = 8,16

(4)
85% ↔ 272,16 €
15% ↔ x €
x = 15 · 272,16 : 85 = 48,03

(5)
100% ↔ 320,19 €
19% ↔ x €
x = 19 · 320,19 : 100 = 60,84

Verkürzte Ermittlung des Angebotpreises
ohne Kundenskonto oder Kundenrabatt

Kalkulationsfaktor

Manchmal muss man schnell ausrechnen, wie hoch der Verkaufspreis sein wird, wenn man nur den Bezugspreis (Einkaufspreis) weiß. Da wir annehmen, dass die Handlungskosten (22%),Gewinnzuschlag (11%) und Steuer (19%) immer gleich bleiben, müsste ich die 300 € (BP) mit 1,6115 multiplizieren, um auf den **Brutto**-Verkaufspreis (BVP) zu kommen.
Dieser Faktor ergibt sich so:

$$KalkulationsFaktor = KF = \frac{BVP}{BP} = \frac{483{,}45}{300} = 1{,}6115$$

Kalkulationszuschlag

Das ist der Zuschlag, den man auf den Bezugspreis aufschlägt, um auf den **Brutto**-Verkaufspreis zu kommen. Der Zuschlag ist einfach zu errechnen:

$$Kalkulationszuschlag = KZu = (KF - 1) \bullet 100 = 61{,}15\%$$

$$BVP = BP(300) + 61{,}15\% \text{ von } 300\ (183{,}45) = 483{,}45 \text{ Euro}$$

Kalkulation

schwarze Zahlen = Vorgabe
rote Zahlen = Berechnung

Bezeichnung	%	Euro
Bezugspreis	BP	300,00
+ Handlungskosten	22	66,00
= Selbstkostenpreis		366,00
+ Gewinnzuschlag	11	40,26
= Netto-Verkaufspreis	NVP	406,26
+ Umsatzsteuer	19	77,19
= Brutto-Verkaufspreis	BVP	483,45

Kurzkalkulation: BP·1,22=SK·1,11=NVP·1,19=BVP

Kurzkalkulation: BVP:1,19=NVP:1,11=SK:1,22=BP

Handelsspanne

Wir wissen unseren möglichen Verkaufspreis. Um schnell zu erfahren, wie hoch der Bezugspreis für unsere Ware sein darf, rechnen wir vom **Netto**-Verkaufspreis auf den Bezugspreis mit nur einem Prozentsatz zurück:

$$Handelsspanne = \frac{NVP - BP}{NVP} \bullet 100 = \frac{406{,}26 - 300}{406{,}26} \bullet 100 = 26{,}16\%$$

$$BP = NVP \bullet \frac{100 - HS}{100} = 406{,}26 \bullet \frac{100 - 26{,}16}{100} = 299{,}98 \approx 300$$

Kalkulationsabschlag

Wie bei der Handelsspanne wird auch hier zurückgerechnet, jetzt allerdings vom **Brutto**-Verkaufspreis auf den Bezugspreis.

$$Kalkulationsabschlag = \frac{BVP - BP}{BVP} \bullet 100 = \frac{483{,}45 - 300}{483{,}45} \bullet 100 = 37{,}946\%$$

$$BP = BVP \bullet \frac{100 - Kalkulationsabschlag}{100} = 483{,}45 \bullet \frac{100 - 37{,}946}{100} = 300$$

Stichworte aus Warenwirtschafts-Prüfungen

Stichwort	Kurzerläuterung
Datenschutz	1. Datenschutz bei Mitarbeiter-Daten - nur Einsicht für festgelegte Personen und den Mitarbeiter - Löschung nach Ausscheiden - Löschung von speziellen Daten jederzeit möglich - Weitergabe nicht erlaubt. 2. Datenschutz bei Kunden-Daten - Einwilligung des Kunden zwingend erforderlich - Darf das Unternehmen die Kunden anschreiben, anmailen, für Gewinnspiele informieren, für Sonderaktionen einladen u.s.w. - Auf keinen Fall dürfen Kundendaten weitergegeben werden, es sei denn, auch hierzu hätte der Kunde seine Einwilligung gegeben.
Gewährleistung bei Mängeln an Sonderangeboten	Grundsätzlich muss der Händler einen Mangel an einer Kaufsache reparieren oder austauschen. Er kann nicht auf den Hersteller verweisen. **Das gilt auch für reduzierte Ware**, allerdings nicht, wenn die Ware von vorneherein wegen eines beschriebenen Mangels z.B. als zweite Wahl ausgewiesen wurde. Dieser beschriebene Mangel kann nicht mehr gerügt werden - aber alle anderen möglichen Mängel schon. Im ersten Jahr geht man davon aus, dass der Mangel von Anfang an existierte, in der restlichen Frist (ein Jahr) muss der Kunde nachweisen, dass der Mangel schon von Anfang an bestanden hatte (sog. Beweislastumkehr). Das ist oft schwierig und wird meist über Gutachten geregelt.
Kundenorientierung	Jeder Verkäufer orientiert sich am Grundsatz „Der Kunde ist König“. Damit meint man, dass er sich in die Erwartungen der Kunden hineinversetzen kann, um diese dann zufriedenstellend zu erfüllen. Ideal wäre es für den Verkäufer, wenn er eine emotionale Bindung von ihm oder dem Produkt mit dem Käufer aufbauen könnte. Damit schafft man zufriedene Kunden. Aus zufriedenen Kunden sollten dann loyale Kunden gemacht werden. Und letztlich kann man vielleicht aus diesem „treuen“ Kunden sogar einen machen, der das Produkt und den Verkäufer auf dem Wege der Mundpropaganda regelrecht anpreist.
Lieferung ohne Auftrag	Für den Endverbraucher gilt, dass man eine Ware, die man unaufgefordert zugeschickt bekommt, nicht zurückschicken muss. Er kann dann einfach schweigen. Erhält der Kaufmann unaufgeforderte Artikel, muss er sie aufbewahren und/oder kostenpflichtig für den Absender zurückschicken.

Kassenabrechnung

Kaufhaus Dies & Das GmbH	
Kassenbericht vom 11.11.20xx, 13.30 Uhr	
Kasse 2 ☼ Kassierer(in): Frau Fischer	
Kunden	132
Artikel	330
Abrechnungszeitraum/Stunden	4
Kunden/ Stunde	33
Artikel / Kunde	2,5
Stornierungen	5
Bruttoumsatz	4.567,80
Bruttoumsatz / Stunde	1.141,95
Wechselgeld Kassenbeginn	200,00
Kreditkartenzahlungen	654,50
Girocard-Zahlungen	2.980,60
Bargeld-Sollbestand	1.132,70
Bargeld-Istbestand	1.133,70
Kassendifferenz	+ 1,00

Berechnungen

Die schwarzen Zahlen sind vorgegeben, die für die rosa Felder müssen errechnet werden

Kunden/Stunde: 4 h → 132 Kunden
1 h → x Kunden

„ / “ steht für „geteilt durch“

x = 1 • 132 / 4 = 33

Artikel/Kunde: 132 Kunden → 330 Artikel
1 Kunde → x Artikel
x = 1 • 330 / 132 = 2,5

Bruttoumsatz/h: 4 h → 4.567,80 €
1 h → x €
x = 1 • 4.567,80 / 4 = 1.141,95 €

Bargeld-Sollbestand:		
	Brutto-Umsatz	4.567,80 €
	+ Wechselgeld Kassenbeginn	+ 200,00 €
	- Kreditkartenzahlungen	- 654,50 €
	- Girocard-Zahlungen	- 2.980,60 €
	- Barentnahmen (in denTresor)	- 0,00 €
	= Bargeld-Sollbestand	1.132,70 €

Kassendifferenz: Istbestand - Sollbestand = 1.133,70 - 1.132,70
= 1,00 € Überschuss

Gründe für Überschüsse:
- ▶ zu wenig Wechselgeld herausgegeben
- ▶ zwei Scheine des Kunden „klebten“ aneinander
- ▶ Ein- und Zwei-Euro-Münzen u.a. wurden verwechselt

Gründe für Defizite:
- ▶ zu viel Wechselgeld herausgegeben
- ▶ zwei eigene Scheine „klebten“ aneinander
- ▶ Ein- und Zwei-Euro-Münzen u.a. wurden verwechselt

Dreisatzberechnungen (direkt = proportional)

je mehr - desto mehr oder je weniger - desto weniger

Beispiel 1

In dem Elektronik-Fachmarkt HIKHAK GmbH werden zurzeit 25 Fachkräfte beschäftigt, die im Durchschnitt jeder 3.200 Kunden im Jahr betreuen mussten. Die Geschäftsentwicklung zeigt eine deutliche Zunahme der Kunden auf 3.840. Wie viele Fachkräfte müssten neu eingestellt werden?

3.200 Kunden → 25 Fachkräfte
3.840 Kunden → x Fachkräfte

x = 3.840 • 25 / 3.200 = 30

Also müssen 5 neue Fachkräfte eingestellt werden.

einfachste Regeln

2 Eis kosten 1,80 €.
Wie viel kosten 3 Eis?
Wir wissen: $2\,Eis \rightarrow 1{,}80\,Euro$

also gilt: $1\,Eis \rightarrow \frac{1{,}80\,Euro}{2}$

damit gilt: $3\,Eis \rightarrow \frac{1{,}80\,Euro}{2} \cdot 3 = 2{,}70\,Euro$

kurz:
$$2\,Eis \rightarrow 1{,}80\,Euro$$
$$3\,Eis \rightarrow x\,Euro$$
$$x = \frac{3 \cdot 1{,}80\,Euro}{2} = 2{,}70\,Euro$$

also: steht das x rechts unten, dann multipliziert man ***immer*** „neben x mal über x“ und teilt (/) dann durch die übriggebliebene Zahl oben links.

Beispiel 2

Für das Wischen unserer Scheiben bezahlten wir bisher 4.444,- € für 1.120 m² Fensterfront. Durch bauliche Veränderungen wurden die Scheibenquadratmeter auf 770 m² reduziert. Wie viel Euro müssen wir nun bezahlen? Und wie viel Euro haben wir eingespart?

1.120 m² → 4.444,- €
770 m² → x €

x = 770 • 4.444 / 1.120 = 3.055,25 €

Wir müssen nun nur noch 3.055,25 € zahlen, also sparen wir 4.444,00 - 3.055,25 = 1.388,75 €.

Skontoberechnungen

Skonto abziehen:

Wir kaufen für 2.452,00 € ‚Check-it'-T-Shirts ein und können 3 % Skonto abziehen.

$$\begin{array}{l} 100\% \rightarrow 2.452\,€ \\ \underline{3\% \rightarrow \quad x\,€} \end{array}$$

$$x = \frac{3 \cdot 2.452}{100} = 73{,}56\ \textit{Euro Skonto}$$

Wir zahlen:

2.452 € - 73,56 € = 2.378,44 €

Wenn wir sofort den Zahlbetrag errechnen wollen:

$$\begin{array}{l} 100\% \rightarrow 2.452\,€ \\ \underline{97\% \rightarrow \quad x\,€} \end{array}$$

$$x = \frac{97 \cdot 2.452}{100} = 2.378{,}44\ \textit{Euro}$$

Lohnt es sich, einen Kredit für Skonto aufzunehmen?

Wir kaufen für 2.452,00 € ‚Check-it'-T-Shirts. Wir können diesen Betrag innerhalb von 30 Tagen zahlen - oder unter Abzug von 3 % Skonto, wenn wir innerhalb von 10 Tagen bezahlen. Ein dafür notwendiger Kredit kostet 12 % Zinsen.

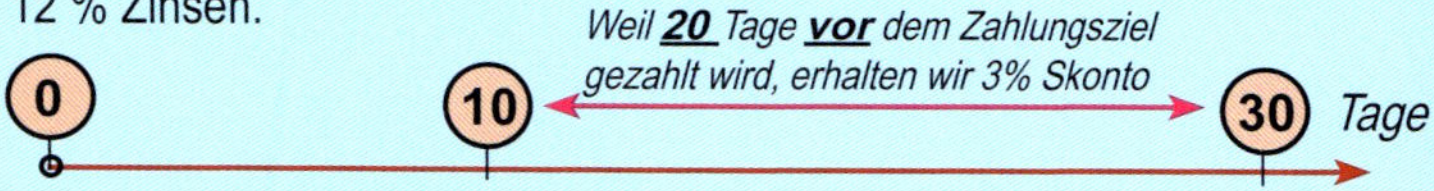

1. Wir zahlen nach 30 Tagen: 2.452,00 €.
2. Wir zahlen nach 10 Tagen: 2.452,00 € - 3% Skonto (73,56) = 2.378,44 €
3. Wir erhalten für 20 Tage (!) 3% Nachlass. Rechnet man das auf ein kaufmännisches Jahr (360 Tage) um, ergibt sich:

   für 20 Tage → 3%
   für 360 Tage → x%

   $$x = \frac{360 \cdot 3}{20} = 54[\%]\ \textit{Effektivverzinsung}$$
4. Die 54% sind erheblich besser als die 12% Kreditzinsen! Wir beweisen:

   $$z = \frac{K \cdot t \cdot p}{100 \cdot 360} = \frac{2.378{,}44 \cdot 20 \cdot 12}{100 \cdot 360} = 15{,}86\ \textit{Euro Kreditzinsen}$$
5. Unser Vorteil: Skonto (73,56 €) - Kreditzinsen (15,86 €) = 57,70 €

Merke: Skonto ist fast immer die bessere Alternative!

Zinsberechnungen

Wenn durch eine Zahl geteilt werden muss, dann schreibe ich „ / “ für „geteilt durch“

Zins-Berechnungen	Tage-Berechnungen	Kapital-Berechnungen	Prozent-Berechnungen	Besonderheiten
$z = \frac{k \cdot t \cdot p}{100 \cdot 360}$ oder in Kurzschreibweise **z = k•t•p / 36.000** Eine ausstehende Forderung über 2.345 € wird vom 15.01. bis zum 28.08. mit 7 % verzinst. Berechnen Sie die Zinsen und die neue Gesamtforderung! *1. Differenztage* = 223 → *siehe rechte Spalte* *2. Zinsen* z = k•t•p / 36.000 = 2.345•223•7/36.000 = 101,68 € *3. Gesamtforderung* FO = 2.345 + 101,68 = 2.446,68 €	$t = \frac{100 \cdot 360 \cdot z}{k \cdot p}$ oder in Kurzschreibweise **t = 36.000•z /k /p** Für wie viele Tage hat Lucia (18) ihr Konto bei 11 % Zinsen überzogen, das ein Minus von 355,10 € aufweist, wenn ihr 3,58 € abgebucht wurden - und wie hoch ist ihr neues Minus? *1. Tageberechnung* t = 36.000•z /k /p t = 36.000•3,58/355,10/11 = 32,99 → 33 Tage *2. neues Minus* 355,10 + 3,58 = 358,68 €	$k = \frac{100 \cdot 360 \cdot z}{t \cdot p}$ oder in Kurzschreibweise **k = 36.000•z /t /p** Vincent schwärmt von seinen 8,44 € Zinsen, die er bei 1,5 % vom 15.01. bis zum 08.06. erwirtschaftet hat. Wie hoch waren sein altes und neues Kapital (Ersparnis)? *1. Differenztage* = 143 → *siehe rechte Spalte* *2. Kapitalberechnung* k = 36.000•z /t /p k = 36.000•8,44/143/1,5 = 1.416,50 € (alt) *3. neues Kapital* 1.416,50+8,44= 1.424,94	$p = \frac{100 \cdot 360 \cdot z}{k \cdot t}$ oder in Kurzschreibweise **p = 36.000•z /k /t** Rebekka möchte wissen, wie viel Prozent sie für ihr Guthaben in Höhe von 2.222,22 € erhalten hat, für das sie in der Zeit vom 17.11. bis zum 10.02. des nächsten Jahres mit 11,11 € Zinsen belohnt wurde. *1. Differenztage* = 83 → *siehe rechte Spalte* *2. Prozentberechnung* p = 36.000•z /k /t p = 36.000 • 11,11 / 2.222,22 / 83 p = 2,16846 %	1 Jahr = 360 Tage 1 Monat = 30 Tage Zeitdifferenzen zwischen zwei Terminen: Regel: Später - Früher 15.01. - 28.08. → 28|08. - 15|01. 13|07 → 7(Monate) • 30 + 13 Tage = 223 15.01. - 08.06. → 08|06. - 15|01. - 07|05 → 5(Monate)• 30 - 7 Tage = 143 17.11. - 10.02.nJ= 10.14. 10|14. - 17|11. - 07|03 → 3(Monate)• 30 - 7 Tage = 83

Prozentberechnungen

Wenn durch eine Zahl geteilt werden muss, dann schreibe ich „ / " für „geteilt durch"

Prozente aus Texten

Wir kalkulieren einen Artikel mit einem Bezugspreis von 22,22 € mit einem Handlungskostenzuschlag von 88 %. Berechen Sie den Selbstkostenpreis!

100% → 22,22 €
88% → x €
x = 88 • 22,22 / 100 = 19,55 €

Selbstkosten = 22,22 + 19,55 = 41,77 €

Wir verkaufen diesen Artikel NETTO für 50 €. Berechnen Sie die Gewinnspanne in %.

41,77 € → 100%
50,00 € → x%
x = 50 • 100 / 41,77 = 119,7 %
damit beträgt die Gewinnspanne 119,7% - 100% = 19,7%

Prozente aus Kreisdiagramm

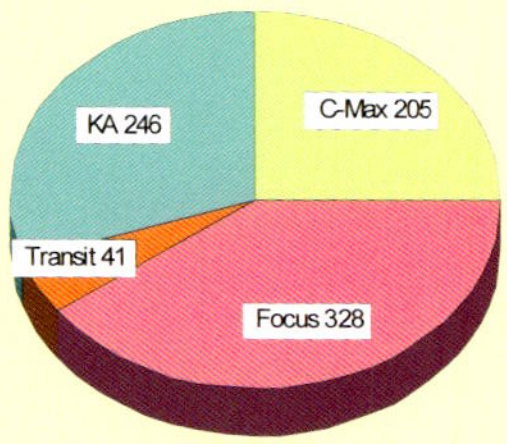

Ein Autohändler verkaufte im letzten Jahr die oben zu sehenden Autos.
Wie viel Prozent Focus hat er verkauft?
100% sind alle Fahrzeuge → 246+205+328+41 = 820 (alle)

820 Autos → 100%
328 Focus → x%
x = 328 • 100 / 820 = 40 %

Prozente aus Säulendiagramm

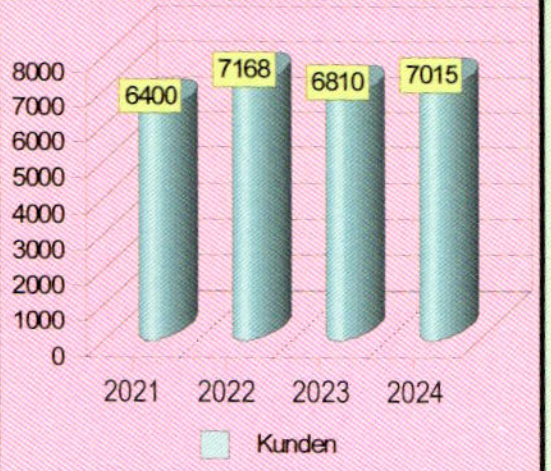

Die Grafik zeigt die Entwicklung unserer Kundenzahlen. Im Jahr 2023 hatten wir einen neuen Konkurrenten.
Wie viel Prozent Kunden sind uns dabei verloren gegangen?

2022: 7.168 → 100%
2023: 6.810 → x%
x = 6.810 • 100 / 7.168 = 95%, also sind uns 5% der Kunden verloren gegangen.

verminderte und vermehrte GW

Nach einer internen Einsparung von 15 % können wir eine Leuchte für 119 € verkaufen. *Das sind also nur noch 85 %!!*

85% → 119 €
100% → x €
x = 100 • 119 / 85 = 140 €.
Die Leuchte kostete vorher 140 €.

Nach einer Gehaltserhöhung um 4 % erhält Giulia Maria 1.872,00 €. *Das sind also jetzt 104 %!!* Wie hoch war ihr Gehalt vorher?

104% → 1.872 €
100% → x €
x = 100 • 1.872 / 104 = 1.800,-€, also erhielt Giulia Maria vorher 1.800 €.

Durchschnittsberechnungen

Wenn durch eine Zahl geteilt werden muss, dann schreibe ich „ / “ für „geteilt durch“

Beispiel Umsatz pro Kunde

Theresa erzielte im Mai folgende Umsätze:
133.731,00 € bei 351 Kunden.
Wie viel Umsatz hat jeder Kunde im Durchschnitt gemacht?

Dreisatz:

351 Kunden 133.731 €
1 Kunde x €

x = 1 • 133.731 / 351 = 381 €/K

Beispiel Durchschnittsgewicht

Theresa wiegt 57 kg, Maria 65 kg und Tatjana 49 kg. Wie viel wiegen die drei Starverkäuferinnen im Durchschnitt?

1. Alle kg addieren→Summe
57 + 65 + 49 = 171= Summe
2. Summe durch Datenanzahl teilen: 171 / 3 = 57 kg wiegen die Drei im Durchschnitt.

allgemeine Regel:
Datensumme/Datenanzahl

...und jetzt SIE:

Filiale A: 76 m²
Umsatz 17.784 €
Filiale B: 122 m²
Umsatz 24.156 €

Berechnen Sie den Umsatz-Durchschnitt pro m² bei beiden Filialen!
Lösungen bei den Stichworten REWE

Kai verdient 1.876,- €,
Nico erhält 1.922,- €,
Nicole 2.222,- € und
Mario 2.104,- €.

Wie viel € erhalten sie im Durchschnitt?
Lösungen bei den Stichworten REWE

Beispiel aus dem Lagerbereich

Im Jahr 2024 wurden folgende Bestände an Festplatten extern-2,5‘-2TB-Bezugspreis 55,00 € festgestellt:

Bestand am	Stück
31.12.2023	13
31.03.2024	18
30.06.2024	31
30.09.2024	23
31.12.2024	15

Verkauft wurden bisher 60 Stück (WE in € = 60 • 55 = 3.300).

a. Bestimmen Sie den durchschnittlichen Lagerbestand!
b. Ermitteln Sie die Umschlagshäufigkeit!
c. Bestimmen Sie die durchschnittliche Lagerdauer!
d. Beurteilen Sie die Datenlage anhand Ihrer Ergebnisse!

Lösungen:

a. Schritt 1: Alle Bestände werden addiert → 100
Schritt 2: Die Summe der Bestände (100) wird durch die Datenanzahl (5) geteilt →
100 / 5 = 20
Der durchschnittliche Lagerbestand beträgt 20.

b. Der gesamte Wareneinsatz betrug 60 Stück. Wir hätten also das Lager insgesamt 3 mal auffüllen müssen, um die Verkaufsmenge bereit zu stellen (UH=WE/DLB)
UH = 60 / 20 = 3

c. Wenn man das Lager 3 mal auffüllen musste, betrug die Lagerdauer ein Drittel Jahr:
DLD = 360/UH = 360/3=120

d. Das ist ein Penner-Artikel, der 120 Tage im Regal schmort!

Verteilungsrechnungen

Wenn durch eine Zahl geteilt werden muss, dann schreibe ich „ / “ für „geteilt durch“

Gewichts- und Wertspesen verteilen

Wir erhalten vom Importeur folgende Lieferung:

100 Festplatten HJK 1 TB ex	38 kg	30 € je Festplatte
40 Tablets „S.U.P.I.“ 10,1‘	82 kg	180 € je Tablet
120 Monitore 24‘ „Havealook“	480 kg	58 € je Monitor

Wir zahlen an Gewichtsspesen 330 € und an Wertspesen 429 €

Gewichtsspesen-Verteilung

1. Wir addieren alle Gewichte
   38 kg
   \+ 82 kg
   \+ 480 kg
   Summe kg → 600 kg
2. Berechnung für 1 kg:
   600 kg → 330 €
   1 kg → x €
   x = 1 • 330 / 600 = 0,55 €/kg
3. Multiplikation 0,55 €/kg mit den einzelnen Gewichten
   FP - 38 kg • 0,55 = 20,90 €
   Tab - 82 kg • 0,55 = 45,10 €
   MO-480 kg • 0,55 = 264,00 €

Wertspesen-Verteilung

1. Wir addieren alle Werte in €:
   100 FP • 30 € = 3.000,- €
   40 Tabs • 180 € = 7.200,- €
   120 MO • 58 € = 6.960,- €
   Summe € → 17.160,- €
2. Berechnung für 1 € Wert:
   17.160 W → 429 € Spesen
   1 W → x € Spesen
   x = 1 • 429 / 17.160 = 0,025
3. Multiplikation 0,025 mit den einzelnen Werten
   FP - 3.000 • 0,025 = 75,- €
   Tab - 7.200 • 0,025 = 180,- €
   MO - 6.960 • 0,025 = 174,- €

In der Bezugskalkulation müssten für die FP 20,90 + 75,- € angesetzt werden

Prämien für Mitarbeiter nach Umsatz verteilen

Die Mitarbeiter der PC-HIKHAK-GmbH erhalten am Ende des Jahres insgesamt einen Bonus von 3.000,- €, der auf die Jahresumsätze der einzelnen Mitarbeiter verteilt werden soll.
David hat für insgesamt 103.001 € verkauft.
Lennart konnte 141.444 € Umsatz erwirtschaften.
Vincent schoss mit 155.555 € Umsatz den Vogel ab.

Die Verteilung

1. Wir addieren alle Umsätze
   David 103.001,- € persönl. Umsatz im letzten Jahr
   Lennart 141.444,- € persönl. Umsatz im letzten Jahr
   Vincent 155.555,- € persönl. Umsatz im letzten Jahr
   Umsätze gesamt 400.000,- €
2. Berechnung für 1 € Umsatz
   Auf 400.000 € Umsatz werden 3.000,- € Prämie verteilt
   Auf 1 € Umsatz entfallen x € Prämie
   x = 1 • 3.000 / 400.000 = 0,0075
3. Multiplikation 0,0075 mit den einzelnen Umsatzwerten
   David 103.001 • 0,0075 = 772,51 € Prämie
   Lennart 141.444 • 0,0075 = 1.060,83 € Prämie
   Vincent 155.555 • 0,0075 = 1.166,66 € Prämie
   alle zusammen erhalten 3.000,00 € Prämie

Bei David und Vincent musste gerundet werden, hier zugunsten Davids

Gewinn- und Verlustrechnung

GuV vom 31.12.20xx

Soll *Beispiele*	Aufwendungen €	Erträge	Haben €
Aufwand für Waren	420.000	Umsatzerlöse für Waren	1.000.000
Löhne / Gehälter	240.000		
Zinsen für Fremdkapital	20.000		
andere betriebliche Aufw.	30.000		
Abschreibungen	40.000		
Gewinn	250.000		
	1.000.000		1.000.000

Aufgaben

Ermitteln Sie den Gewinn!

Gewinn = Umsatzerlöse - Aufwendungen
= 1.000.000 - 420.000 - 240.000 - 20.000 - 30.000 - 40.000 = 250.000

Ermitteln Sie den Handlungskostenzuschlag!

Aufwand für Waren → 100%
alle anderen Aufwendungen zusammen → x%

x = alle anderen Aufwendungen • 100 / Aufwand für Waren
= (240.000+20.000+30.000+40.000) • 100 / 420.000
x = 330.000 • 100 / 420.000
x = 78,57 % Handlungskostenzuschlag

Ermitteln Sie die Umsatzrendite!

Umsatzerlöse → 100%
Gewinn → x%

x = Gewinn • 100 / Umsatzerlöse
= 250.000 • 100 / 1.000.000 = 25% R_{Umsatz}

In manchen Fällen spricht man vom Reingewinn und vom Rohgewinn. Dies erklären die Definitionserfinder so:

***Rohgewinn** = Umsatzerlöse (netto) - Aufwand für Waren (netto) = 580.000 €*

***Reingewinn** = Umsatzerlöse (netto) - alle Aufwendungen (netto) = 250.000 €*

Wo liegt denn der Preis, den man als Untergrenze festsetzen dürfte? Dieser Preis errechnet sich aus den Selbstkosten + Umsatzsteuer. Der Gewinn ist hier Null Prozent. Wenn alle verkauften Waren mit 25% Rabatt an den Kunden verkauft würden, wäre der Gewinn = Null - aber man kann kurzfristig überleben. Für ein längeres Überleben benötigt man Gewinne, die Investitionen ermöglichen!

Bilanzauswertung

Bilanz zum 31.12.20xx

Aktiva		Passiva	
Grundstücke/Gebäude	320.000 €	Eigenkapital	492.000 €
Fuhrpark	124.000 €	Fremdkapital Darlehen	220.000 €
Geschäftsaustattung	88.000 €		
Waren	280.000 €	Verbindlichkeiten an Lieferer	240.000 €
Forderungen an Kunden	32.000 €		
Kasse	12.000 €		
Bank	96.000 €		
	952.000 €		952.000 €

Aufgaben

Berechnen Sie das Eigenkapital:

1. Ermitteln der Summe der Aktiva (952.000)
2. Übertragung dieser Summe auf die Passiv-Seite
3. Abziehen aller Schulden (Fremdkapital, also 952.000 - 220.000 und - 240.000)
4. Ergebnis ist das Eigenkapital.

Ermitteln Sie, wie wie Prozent Eigenkapital (vom Gesamtkapital) dieses Unternehmen aufweist!

Gesamtkapital → 100%
Eigenkapital → x%

x = Eigenkapital • 100 / Gesamtkapital
x = 492.000 • 100 / 952.000 = 51,6807%

Aus der Gewinn- und Verlustrechnung:
Gewinn = 19.680 € und
Zinsen für das Fremdkapital = 43.700 €
Damit können wir jetzt ausrechnen, zu wie viel Prozent sich das Eigenkapital verzinst = Rentabilität des Eigenkapitals R_{EK}

Für das Gesamtkapital müssen auch die Zinsen für das Fremdkapital erwirtschaftet werden: R_{GK}

Eigenkapital → 100%
Gewinn → x%

$x = R_{EK}$ = Gewinn • 100 / Eigenkapital
= 19.680 • 100 / 492.000 = 4% R_{EK}

Gesamtkapital → 100%
(Gewinn + FK-Zinsen) → x%

$x = R_{GK}$ = (Gewinn+FKZinsen) • 100 / Gesamtkapital
= (19.680+43.700) • 100 / 952.000 = 6,7% R_{GK}

Formeln:

$$R_{EK} = \frac{Gewinn \cdot 100}{Eigenkapital}$$

$$R_{GK} = \frac{(Gewinn + FKZinsen) \cdot 100}{Gesamtkapital}$$

Stichworte aus REWE-Prüfungen *+ Lösungen*

Stichwort	Kurzerläuterung
Lösungen Durchschnitte	*a. 17.784/76=234 b. 24.156/122=198 Kai&Co. Φ =2.031*
Preisuntergrenze	Der Einzelhändler kann im Preis so weit nachgeben, bis sein Gewinn auf Null steht. Geht er weiter runter, würde er Verlust machen. Also liegt die Preisuntergrenze bei G = 0. Man kann auch sagen, er geht so weit im Preis runter, dass seine Kosten (Selbstkosten) und die darauf entfallende Mehrwertsteuer abgedeckt sind. Das kann man im Einzelfall machen, aber nicht langfristig, denn ohne Gewinne können keine neuen Investitionen bezahlt werden!
Abschreibung = AfA = Abschreibung für Abnutzung	Wenn man etwa ein Auto (PKW) kauft, nimmt der Wert jedes Jahr ab. Dieser Werteverlust ist für den Einzelhändler ein Kostenfaktor. Er bucht dann einen entsprechenden Betrag als „Abschreibung". Lineare Abschreibung liegt dann vor, wenn man jedes Jahr den gleichen Betrag abbucht. Das Finanzamt gibt vor, in welcher Zeit ein Gut komplett abgeschrieben werden kann (Abschreibungstabellen). In unserem Fall wären das 6 Jahre. Kauft der Einzelhändler Karl Kaufmann einen PKW für 60.000 €, dann kann er jedes Jahr 10.000 € abschreiben. Die 60.000 sind dann der Anschaffungswert, die 10.000 € heißen Abschreibung und der Rest von 50.000 €, die das Auto jetzt noch wert ist, nennt man Restwert oder auch Buchwert.
Gewinnermittlung	G = E - K heißt die Zauberformel. Die bedeutet: Ziehe ich von den Erlösen (E) alle Kosten (K) ab, dann erhalte ich den Gewinn. Liegt Ihnen eine GuV in der Prüfung vor, dann ziehen Sie von den Umsatzerlösen (Habenseite = rechts) die Positionen auf der Soll-Seite ab, etwa Aufwendungen für Ware, Personalaufwand..., bis hin zur letzten Position. Sie erhalten den Gewinn!
Kapitalbindungskosten	Kosten, die entstehen, weil das Kapital - vorübergehend - im Umlauf- und Anlagevermögen gebunden ist. Insbesondere können solche Kosten durch zu lange Lagerung entstehen.

Wann beginnt ein Kaufvertrag?

Regel 1: ZWEI <u>übereinstimmende</u> Willenserklärungen müssen vorliegen
Regel 2: Schweigen bedeutet in der Regel Ablehnung

	Verkäufer		Ergebnis		Käufer	
1	Verkäufer verschickt Werbung/ schaltet Anzeigen/gestaltet Schaufenster/Kataloge/Postwurfsendung = **KEINE** Willenserklärung		**KEIN** Kaufvertrag, da nur **EINE** Willenserklärung	←	Käufer bestellt aufgrund einer Werbung = 1. Willenserklärung	2
2	Verkäufer bestätigt die Bestellung = 2. Willenserklärung	→	Kaufvertrag	←	Käufer bestellt aufgrund einer Werbung = 1. Willenserklärung	1
2	Verkäufer schickt Angebot = 1. Willenserklärung	→	**KEIN** Kaufvertrag, da nur **EINE** Willenserklärung		Käufer stellt Anfrage = **KEINE** Willenserklärung	1
1	Verkäufer schickt Angebot = 1. Willenserklärung	→	**KEIN** Kaufvertrag, da Willenserklärungen **NICHT** übereinstimmen	← (gepunktet)	Käufer ändert bei seiner Bestellung das Angebot ab = **NEUE** 1. Willenserklärung	2
2	Verkäufer bestätigt die abgeänderte Bestellung = 2. Willenserklärung	→	Kaufvertrag	←	Käufer ändert bei seiner Bestellung das Angebot ab = **NEUE** 1. Willenserklärung	1
1	Verkäufer schickt Angebot = 1. Willenserklärung	→	Kaufvertrag	←	Käufer bestellt auf Grund des vorliegenden Angebotes = 2. Willenserklärung	2

Anfrage und Angebot

Angebot

Gesetz	Verbindlichkeit	Ausschlüsse	Bestandteile
A muss _verbindlich_ sein A muss die _wesentlichen Vertragsbestandteile_ enthalten, z. B. Sache, Preis A muss an _eine_ Person gerichtet sein, nicht an die Allgemeinheit _Schaufensterauslagen, Werbeanzeigen, eigene Werbeblätter_ o.ä. sind deshalb _keine Angebote_. Hinweis: Im SB-Laden macht der Kunde an der Kasse den _ersten_ Antrag!	Ein Angebot ist verbindlich, _bis es_ vom Empfänger _abgelehnt wird_ oder nicht innerhalb der _Annahmefrist_ angenommen wird. **Fristen:** ▶ Verkaufsgespräch-Ende ▶ Telefonat-Ende ▶ Brief - einige Tage ▶ Mail - ca. 1 Tag Hinweis: Bei Angeboten unter Abwesenden (also per Mail, Brief) gibt es keine festen Fristen. Es müssen Übermittlungs- und Überlegungszeiten berücksichtigt werden.	Der Verkäufer kann die Verbindlichkeit des Angebotes ausschließen durch Freizeichnungsklauseln: ▶ „freibleibend“ ▶ „unverbindlich“ ▶ „solange Vorrat reicht“ ▶ „gültig bis zum...“ ▶ „ohne Obligo“ Hinweis: Die daraufhin erfolgte Bestellung ist dann der _erste_ Antrag, diesen müsste der Verkäufer erst noch annehmen, um zwei übereinstimmende Willenserklärungen zu schaffen und damit einen Vertrag!	▶ Bezeichnung des Kaufobjektes ▶ Beschreibung ▶ Qualität, Maße, Farbe usw. ▶ der Preis ▶ Rabatte, Skonti, Boni ▶ Zahlungsbedingungen ▶ Lieferungsbedingungen ▶ Fracht - Verpackung ▶ Eigentumsvorbehalt ▶ Gerichtsstand ▶ Erfüllungsort

Anfrage

Eine Anfrage ist ***immer unverbindlich***. Sie stellt ***keine erste Willenserklärung*** zum Abschluss eines Vertrages dar! Sie enthält die gleichen Inhalte wie ein Angebot, also z. B. Angaben über die Sache, den Preis, die Qualtiät.

Allgemeine Geschäftsbedingungen - AGBs

...sind vorformulierte Vertragsbedingungen, die der Verkäufer dem Käufer stellt.

Es handelt sich meist um die **kleingedruckten** Bedingungen auf der Rückseite der Verträge.

Vorteile der AGBs:

für den Käufer	*für den Verkäufer*
* Bestimmungen müssen mit dem Gesetz übereinstimmen, sonst sind die AGBs unwirksam. * Alle Einzelabsprachen zwischen Käufer und Verkäufer haben Vorrang! (Wegen der Beweispflicht besser schriftlich!) ***Nachteil Käufer:*** *Er kann viele der juristischen Formulierungen nicht nachvollziehen und könnte dadurch gegenüber den juristischen Profis Nachteile erleiden.*	* Man muss nicht ständig die Vertragsbestandteile einzeln aushandeln. Damit kann ein Vertrag schneller geschlossen werden. * Es gibt schon viele Muster für AGBs, so dass kein großer Aufwand für Juristen mehr entsteht.

Der Käufer muss Kenntnis haben von den AGBs

* man weist auf die AGBs durch öffentlich gut sichtbaren Aushang hin
* man lässt die Käufer gesondert unterschreiben, dass sie die AGBs gelesen haben

Das darf nicht in den AGBs stehen:

* überraschende oder mehrdeutige Klauseln
* kurzfristige Preisänderungen, wenn zwischen Vertrag und Lieferung weniger als vier (4) Monate liegen
* unbestimmte Liefertermine
* Verkürzung der gesetzlichen Gewährleistungsfristen
* Beschränkung der Gewährleistungsrechte auf Reparatur oder Ersatzlieferung (ist die Nacherfüllung nicht möglich → Recht auf Minderung und Rücktritt)
* Ausschluss der Haftung bei Vorsatz oder grober Fahrlässigkeit

(Fast) Alles zu Vertragsvoraussetzungen (§ = BGB)

- rechtsfähig ab Geburt
- 7 beschränkt geschäftsfähig
- 14 strafmündig - religionsmündig
- 16 kommunales aktives Wahlrecht in einigen Bundesländern
- 18 voll geschäftsfähig
- 21 voll strafmündig

geschäftsunfähig (bis 7)

Es darf **nicht** verstoßen werden:

+ gegen gute Sitten (Ausbeutung einer Notlage, Wucher)

+ gegen ein gesetzliches Verbot, z.B. Kauf/Verkauf von Rauschgiften

+ gegen eine Formvorschrift, z.B. müssen Immobilienkäufe notariell beurkundet und in das Grundbuch eingetragen werden; Ehe muss vor einem Standesbeamten geschlossen werden

beschränkt geschäftsfähig (7–18)

Vertrag nur mit Einwilligung der Eltern (auch nachträglich)
- Im Rahmen des Taschengeldes §110 eigene Verträge zulässig, aber: **KEINE Zukunftsgeschäfte** - z. B. Ratenkäufe
- selbständiges Erwerbsgeschäft möglich §112
- Arbeitsverhältnis selbständig aufgeben und ein neues suchen, in die Gewerkschaft eintreten etc mgl. als VOLL Geschäftsfähiger § 113

Schwebend (un)wirksame Verträge: Sonderfall bei Verträgen Minderjähriger (7-18), die (noch) keine Einwilligung der Eltern haben und nicht nach Taschengeld§, Erwerbsgeschäft oder Arbeitsverhältnis beurteilt werden können. Mit der (nachträglichen) Genehmigung der Eltern wird der Vertrag rechtswirksam, mit der Nichtgenehmigung bleibt er nichtig.

geschäftsfähig (ab 18)

Es darf **nicht** vorliegen:

+ **I**rrtum
  aber: keine Anfechtung bei Motivirrtum möglich
+ **D**rohung
+ **A**rglistige Täuschung
  Anfechtungszeitraum 30 Jahre
+ Scheingeschäft
+ Scherzgeschäft
  aber: Scherz muss für jeden erkennbar sein!

Anfechtbare Verträge: **I**rrtum + **D**rohung + **A**rglistige Täuschung (IDA-Verträge)
Nichtige Verträge: Alle anderen Verträge, die gegen das Recht verstoßen

(Kauf-)Vertrags-Arten

Ein Vertrag kommt durch 2 übereinstimmende Willenserklärungen zustande

Kauf auf Probe	Rückgabemöglichkeit, alle Fernkäufe (z. B. Internet) sind Käufe auf Probe
Kauf zur Probe	Kleine Menge ordern, um z. B. Material auszuprobieren
Kauf nach Probe	...nach Probieren, nach Muster (Teppich, Kaffee)
bürgerlicher Kauf	beide Partner sind Privatpersonen
einseitiger Handelskauf	ein Partner ist Kaufmann, der andere Privatperson
zweiseitiger Handelskauf	beide Partner sind Kaufleute
Gattungskauf	Produkt in großem Umfang verfügbar (Kaffee ‚luxus‘)
Stückkauf	einzelnes spezielles Produkt, unverwechselbar (Mona Lisa, Abendkleid nach eigenen Vorstellungen und Entwürfen)
Ramschkauf	Kauf ohne Nachprüfung auf ein einzelnes Gut (bei Versteigerungen, containerweise im Hafen), Mängel sind akzeptiert
Spezifikationskauf	Spezielle Eigenschaften können später festgelegt werden (Buffet für 30 €/p.P., Einzelheiten später)
Terminkauf	Datum der Lieferung wird kalendermäßig festgelegt (Nachfrist bei Verzug erforderlich)
Fixkauf	Die Bezeichnung „fix“ (mit Datum) erscheint in der Willenserklärung. Lieferung vorher und nachher nicht möglich. Keine Nachfrist erforderlich. Etwa Lieferung eines Buffets „am 02.02.2025 zwischen 12 Uhr und 12.30 Uhr“.
Teillieferungskauf	Zu festen vereinbarten Zeitpunkten werden feste Mengen geliefert
Kauf auf Abruf	Zu variablen Zeitpunkten werden variable Mengen eines festgelegten Rahmens (Rahmenvertrag) geliefert
Werkvertrag	***Erfolg*** ist die Voraussetzung für die Zahlung (Reparatur eines Autos)
Typenkauf	Kauf eines normierten Produktes
Dienstleistungsvertrag	Arbeit ja - Erfolg nicht zwingend (Bezahlung auch bei Misserfolg einer Verkäuferin)

Mängelarten

Bezeichnung

- ***Mangel in der Menge***
  = Quantitätsmangel
  => zu viel - zu wenig
- ***Mangel in der Art***
  = Gattungsmangel
  => es wird etwas anderes als bestellt geliefert
- ***Mangel in der Qualität***
  = Sachmangel
  => Sache verwendbar, hat aber Fehler
- ***Mangel in der Beschaffenheit***
  = Sachmangel
  => Sache beschädigt, verdorben, zerstört
- ***digitaler Mangel***
  gilt auch bei „Paketverträgen“ (wenn digitale Ware Hauptbestandteil ist)

Erkennbarkeit

- ***Offener Mangel***
  => Mangel ist sofort erkennbar
- ***Versteckter Mangel***
  => wird erst später endeckt
- ***arglistig verschwiegener Mangel***
  => Fehler ist dem Verkäufer bekannt, wird aber von ihm bewusst verschwiegen

Was tun?

- *beim einseitigen Handelskauf (HK) hat der Käufer zwei Jahre Zeit für das Entdecken und Rügen für offene und versteckte Mängel*
- *beim zweiseitigen HK muss das Prüfen und Rügen unverzüglich stattfinden*
- *beim arglistig verschwiegenen Mangel muss unverzüglich nach Entdeckung innerhalb von drei Jahren gerügt werden*

Mangelhafte Lieferung (Schlechtleistung)

Mängelarten

- **Sachmängel**
  (Beschaffenheit, falsche Versprechungen, falsche Kennzeichnungen, falsche Montage, falsche Sache, zu geringe Menge, neu seit 2022: digitale Mängel, Inkompatibilität)
- **Rechtsmängel**
- **Erkennbarkeit**
  - offen
  - versteckt
  - arglistig verschwiegen

Pflichten des Käufers

- **zweiseitiger Handelskauf**
  - unverzüglich prüfen (unverzüglich = ohne schuldhaftes Verzögern)
  - unverzüglich rügen (arglistig: 3 Jahre)
- **einseitiger Handelskauf**
  - prüfen und rügen innerhalb von zwei Jahren

Rechte des Käufers

- **Nacherfüllung** (vorrangig)
  - Nachbesserung
  - Ersatzlieferung

danach (nachrangig):

- **Rücktritt vom Vertrag**
- **Minderung**
- **Schadenersatz**

Besonderheiten:
Beim einseitigen Handelskauf gilt nach der Kaufvertragsrechtsreform 2022 in den ersten 12 Monaten die Beweislastumkehr (Verkäufer muss beweisen, dass Gut ok war). Nach dem Produkthaftungsgesetz haften die VK auch für Schäden an Personen und Sachen.

Zahlungsverzug
(Nicht-Rechtzeitig-Zahlung)*(vereinfacht)*

Voraussetzungen	Rechte des Verkäufers	Schadenermittlung
Nichtzahlung trotz Fälligkeit Mahnung - nicht erforderlich bei kalendermäßig bestimmten Terminen Verschulden	Auf Vertrag bestehen = Erfüllung Erfüllung + Schadenersatz Vom Vertrag zurücktreten Zurücktreten + Schadenersatz	• Zinsen ab Fälligkeit für zweiseitige Handelskäufe Basiszins Bundesbank (07/2025 = 1,27 %) + 9 % sonst (1,27 %) + 5 % • Verwaltungskosten • Mindererlös bei Weiterverkauf
Beispiele „kalendermäßig bestimmt“: zahlbar bis zum 15.07.2025 zahlbar bis Ende Juli 2025 zahlbar bis Mitte Juli 2025 zahlbar 14 Tage nach Rechnungsdatum	Beispiele „kalendermäßig unbestimmt“: zahlbar ab 15.07.2025 zahlbar sofort zahlbar 14 Tage nach Rechnungseingang	Der Kunde gerät automatisch 30 Tage nach Rechnungseingang in Verzug, wenn das Zahldatum unbestimmt war. Bei einseitigen Handelskäufen muss darauf besonders hingewiesen werden. Problematisch: Rechnungseingang muss bewiesen werden (Einschreiben mit Rückschein sinnvoll!)

Verjährungsfristen ==> eigene Seite

Verjährungsfristen

3 Jahre = Regelverjährung Beginn: 31.12.	2 Jahre Beginn: Datum KV/WV	5 Jahre Beginn Abnahme/Übergabe	10 Jahre Beginn: Fälligkeit	30 Jahre Beginn; Fälligkeit
> bei fehlenden Regelungen > bei Lieferungsverzug > bei Zahlungsverzug > bei Annahmeverzug (NICHT bei Schlechtleistung!) > bei arglistig verschwiegenen Mängeln > bei unerlaubten Handlungen > bei regelmäßigen Leistungen	> bei Gewährleistungsansprüchen aus Kauf- und Werkverträgen bei EINseitigen Handelskäufen (KEINE Bauwerke)	> bei einem Werkvertrag iV mit einem Bauwerk > bei einem Kaufvertrag zum Erwerb eines Bauwerkes	> für Ansprüche bei Rechten aus einem Grundstück	> Herausgabe von Eigentum > rechtskräftige Ansprüche > Vollstreckungs-Ansprüche > familien- und erbrechtliche Ansprüche > Schadensersatzansprüche, die auf Verletzung von Leben, Körper, Gesundheit und Freiheit beruhen
Beispiel: A(21) hat am 14.03.2024 eine Rechnung für seine Karaokeanlage erhalten. Verjährungsende: 31.12.2024 + 3 Ja = 31.12.2027	Beispiel: A(21) hat am 14.03.2024 einen Wackel-Schreibtisch gekauft. Bis zum 14.03.2026 kann er den Mangel rügen und muss in den ersten 12 Monaten (also bis 14.03.2025) <u>NICHTS</u> beweisen. Die Frist dieser sog. Beweislastumkehr wurde 2022 für Verbraucher von 6 auf 12 Monate verlängert.	Beispiel: A (21) hat sich am 14.03.2024 Parkett verlegen lassen. Rüge-/Verjährungsfrist bis zum 14.03.2029	Beispiel: A (21) hat sich am 14.03.2024 eine Eigentumswohnung gekauft (Eintragung ins Grundbuch) Rüge-/Verjährungsfrist bis zum 14.03.2034	Beispiel: A(21) hat am 14.03.2024 einen Vollstreckungsbescheid durch das Gericht erhalten. Rüge-/Verjährungsfrist bis zum 14.03.2054

Unterbrechung der Verjährung = Neubeginn der Verjährung Ein Neubeginn wird ausgelöst durch - Bitte um Stundung/Verlängerung des Zahlungsziels - Abschlags- oder Zinszahlung - Stellung eines Pfandes - Beantragung einer gerichtlichen Vollstreckungshandlung	Beispiel: A(21) hat am 14.03.2024 eine Rechnung für seine Karaokeanlage erhalten. normales Verjährungsende: 31.12.2024 + 3 Jahre = 31.12.2027 A bittet am 06.01.2025 um Zahlungsaufschub. neues Verjährungsende: 06.01.2025 + 3 Jahre = 06.01.2028
Hemmung der Verjährung = Verlängerung der Verjährung Die Verjährung wird gehemmt - bei Verhandlungen - Zustellung eines Mahnbescheides - Anspruch im Insolvenzverfahren - bei einer Klage - Erlass eines Vollstreckungsbescheides - Stillstand der Rechtspflege	Beispiel: A(21) hat am 14.03.2024 eine Rechnung für seine Karaokeanlage erhalten. normales Verjährungsende: 31.12.2024 + 3 Jahre = 31.12.2027 A erhält am 06.01.2025 einen Mahnbescheid. neues Verjährungsende: Ab dem 06.01.2025 wird die Verjährung solange ausgesetzt, bis eine rechtskräftige Entscheidung getroffen wurde. Die Hemmung endet sechs Monate danach.

Alles über die Verpackung (1)

Verpackungsarten	
Art (Grundlage = Verpackungsgesetz)	***Beispiele***
Transportverpackung = Verpackungen, die den Transport von Waren erleichtern, die Waren auf dem Transport vor Schäden bewahren oder die aus Gründen der Sicherheit des Transports verwendet werden und beim Vertreiber anfallen.	Paletten, Kisten, Kartons, Fässer, Kanister, Säcke Rücknahmeverpflichtung für den Verkäufer
Umverpackung = Verpackungen, die als zusätzliche Verpackungen zu Verkaufsverpackungen verwendet werden und nicht aus Gründen der Hygiene, der Haltbarkeit oder des Schutzes der Ware vor Beschädigung oder Verschmutzung für die Abgabe an den Endverbraucher erforderlich sind.	Trays (Bündelung von Einzelprodukten) wie - Pappkartons für bis zu 24 Dosen - Sixpacks - Stange Zigaretten Rücknahmeverpflichtung für den Verkäufer an der Verkaufsstelle, z.B. durch geeignete Sammelgefäße
Verkaufsverpackung = Verpackungen, die als eine Verkaufseinheit angeboten werden und beim Endverbraucher anfallen. Verkaufsverpackungen sind Verpackungen, die erst beim Endverbraucher ihre Funktion verlieren.	Zahnpasta-Tube, Becher, Beutel, Blister, Dosen, Eimer, Fässer, Flaschen, Kanister, Kartonagen, Schachteln, Säcke, Schalen, Tragetaschen oder ähnliche Umhüllungen, die vom Endverbraucher zum Transport oder bis zum Verbrauch der Waren verwendet werden. Verkaufsverpackungen im Sinne des Gesetzes sind auch Einweggeschirr und Einwegbestecke. *Die EU will Plastiktragetaschen in Zukunft komplett verbannen, weil die Weltmeere verschandelt werden (198 pro Kopf und Jahr in der EU, 79 pro Kopf in D)! Eine schrittweise Abschaffung hat bereits begonnen.*
Einwegverpackungen	Einweg-Flaschen, Joghurt-Becher, Konservendose, Holzkiste (Erdbeeren), Wellpappschachteln (Eier)
Mehrwegverpackungen = Verpackungen, die stabil gebaut sein müssen, problemlos und kostengünstig zurückgeführt werden können	Getränkekiste, Mehrwegflasche, Joghurt-Gläser, Mehrwegkisten aus Holz mit Klippverschlüssen, zusammenlegbare Wellpappe/Holz-Verbundkonstruktionen

Alles über Verpackung (2)
Wirtschaftskreislauf - Verpackungsminimierung - duales System

Recycling
Flasche → Glasmülltonne → Glasbrennerei → Glasbläser → Glas

Vereinfachter Öko-Wirtschaftskreislauf
Samen → Sonnenblume → Öl → Margarine → Kompost

Das Duale System
Das Duale System bezeichnet die haushaltsnahe Sammlung und Entsorgung von gebrauchten Verkaufsverpackungen in Deutschland.

Der grüne Punkt
Der Grüne Punkt ist ein geschütztes Markenzeichen und kennzeichnet Verkaufsverpackungen in Deutschland, die entweder im Gelben Sack bzw. in der Gelben Tonne, in Altglascontainern oder in der Altpapiertonne gesammelt und dann vom dualen System entsorgt oder recycelt werden.

Minimierung von Verpackung

Art	*Beispiel*
Vermeidung	Einkaufskorb, Stofftaschen oder eine Klappbox nutzen, keine Plastiktüten
Verwertung	Alle wiederverwertbaren Sachen werden der Wiederverwertung zugeführt. Wir sind in Deutschland Verwertungsweltmeister mit über 80% Verwertungsanteil.
Recycling	Batterien müssen nach dem Batterie-Gesetz zurückgenommen und verwertet werden.

Krise - Sanierung - Insolvenz

Ursachen von Krisen

→ Umsatzrückgang
- z. B. neues Modell kommt nicht an
- Geschmackswandel (Mode)
- Konkurrenz qualitativ besser
- Konkurrenz preisgünstiger
- Werbung spricht nicht an

→ zurückgehende Gewinne
- Kosten der Beschaffung steigen
- Personalkosten steigen
- Preisverfall beim Absatz
- betriebliche Fehlentscheidungen

→ zunehmende Verschuldung
- Verluste haben d. Eigenkapital verzehrt
- zu großzügige Kreditgewährung an die Kunden
- hohe Forderungsausfälle
- risikoreiche Finanzpolitik
- besondere Ereignisse (Steuernachzahlung, Unwetter, Feuer, Unterschlagung...)

Sanierung

→ Alle Maßnahmen finanzieller und organisatorischer Art, um ein kriselndes Unternehmen wieder flott zu machen, also das Unternehmen zu **erhalten**. Voraussetzung ist:

→ die finanzielle Situation muss noch tragbar sein, muss aber verbessert werden durch
- bessere Organisation
- Rationalisierung
- Überprüfung Personalbestand
- Entwicklung neuer Produkte
- Alte Produkte raus - neue rein

Konkrete Maßnahmen können sein:
- frisches Kapital heranholen
- neuen Gesellschafter holen
- Eintreibung von Forderungen
- Lieferantenkredite ausweiten
- Lieferanten an Kosten beteiligen (etwa durch das Rack-Jobber-System)

Insolvenz

→ Insolvenzverfahren
= Regelverfahren (beim Amtsgericht)

Die Zahlungsunfähigkeit wird festgestellt (Antrag Gläubiger oder Schuldner).
Das Restvermögen wird verteilt und das Unternehmen wird **aufgelöst**.

→ Insolvenzplan
= nur auf Antrag (beim Amtsgericht)

Das ist ein **Sanierungsverfahren** mit dem Ziel, das Unternehmen zu **erhalten**.
Die Gläubiger sind einverstanden, dass sie nur noch einen Teil ihres Geldes zurück erhalten.
Damit verzichten sie zwar auf einen Teil ihrer Forderungen, aber vor allem wollen sie einen (früher vielleicht) guten Kunden erhalten.

Funktionen des Einzelhandels

Funktion/Aufgabe	Beschreibung der Funktion (der Aufgabe, der Leistung)
Zeitüberbrückungsfunktion	Zwischen der Produktion eines Gutes und dem Verbrauch liegen Tage, die überbrückt werden müssen. Der EH übernimmt hier die Frischegarantie und das Risiko des Verderbens, aber auch die Lagerung von Saisonartikeln
Servicefunktion	Die Forderung nach Spitzen-Service nimmt immer mehr zu. Dieser kann darin bestehen, dass man Änderungen an Bekleidungsstücken vornimmt, Umtausche mit Rückgaberecht wie im Internet einräumt (14 Tage), die Ware komplett zustellt, Reparaturen an Waren selbst vornimmt, ein ausreichendes Parkplatzangebot macht, die Kinder betreut, Geschenke einpackt und über Ratenzahlungen Kredite bereitstellt.
Soziale Funktion	Viele Kunden möchten sich „betreut" fühlen, sie wollen nicht nur ein Produkt, sondern ein Erlebnis einkaufen. Sie möchten sich wohlfühlen wie in einer Familie.
Markterschließungsfunktion	Der EH kennt die Wünsche seiner Kunden. Deshalb kann er zeitnah auf neue Bedürfnisse der Kundschaft hinweisen. Andererseits erschließt er durch seine Beratung für trendige Produkte neue Märkte.
Kreditfunktion	‚Nicht sofort zahlen müssen' kann ein Anreiz für Käufe sein. Deshalb wird den Kunden Teilzahlung und komplette Kreditzahlung eingeräumt.
Sortimentsfunktion	Der EH bietet seinen Kunden eine Sammlung von Gütern unterschiedlicher Hersteller in unterschiedlichen Preislagen, Qualitäten und technischen Fähigkeiten an.
Beratungsfunktion	Wer heute nicht brillant berät, gleicht eher einem personenfreien Internetshop. Nur die exzellente Qualität der Beratung erhält die Existenz vieler EH-Betriebe.
Mengenausgleichsfunktion	Damit der Kunde nicht ganze Paletten kaufen muss, übernimmt der EH die Funktion, dem Verbraucher auch kleinste Mengen anzubieten.
Raumüberbrückungsfunktion	Weil nicht jeder in Italien, China oder Brasilien kaufen kann, übernimmt der EH die Aufgabe, Produkte aus aller Welt vor Ort anzubieten und damit den Raum weltweit zu überbrücken.

Rechtsgeschäfte

Einseitige Rechtsgeschäfte: Willenserklärung nur ***einer*** Person erforderlich		**Zweiseitige Rechtsgeschäfte:** ***Übereinstimmende*** Willenserklärungen von ***zwei*** Personen erforderlich → ***Vertrag***	
empfangsbedürftig	**nicht** empfangsbedürftig	**einseitig** verpflichtend = EINER verpflichtet sich zu einer bestimmten Leistung	**zweiseitig** verpflichtend = BEIDE verpflichten sich zu einer bestimmten Leistung
Mahnung **Anfechtung** **Kündigung** Diese Rechtshandlungen müssen den Empfänger auch erreicht haben (Einschreiben/Rückschein/ Mahnbescheid) oder durch persönliches Überreichen im Geschäft/Büro/zu Hause erfolgt sein.	**Testament** *„Ich vermache meiner Enkelin Carmen die Finca auf Mallorca“* - wird auch ohne vorheriges Wissen Carmens rechtswirksam. **Auslobung** *„Zahle demjenigen 500 €, der mir meinen Hund Rasputin zurückbringt“.* Die 500 € müssen auch an einen ungeliebten Nachbarn ausgezahlt werden.	**Schenkung** Eine Schenkung ist ein Vertrag, bei dem nur der Schenkende eine Leistung erbringen muss. **Bürgschaft** Der Bürge haftet für die Schulden eines Dritten, etwa die Eltern für den Auto-Kredit ihres Kindes. Dieser Vertrag muss (außer bei Kaufleuten) schriftlich fixiert sein mit der Hauptschuld, dem Betrag und dem Gläubiger.	**Kauf** Der Verkäufer veräußert Sachen oder Rechte gegen Bezahlung. **Miete** Der Vermieter stellt Wohnraum zur Verfügung, der Mieter zahlt dafür ein monatliches Entgelt. **Werkvertrag** z.B. ändert die Schneiderin die Hosenlänge, der Auftraggeber zahlt, *aber nur bei Erfolg!*

Besitz und Eigentum
Eigentumsvorbehalt

Besitz und Eigentum

Besitz = tatsächliche Herrschaft über eine Sache
Eigentum = rechtliche Herrschaft über eine Sache

Rebekka hat das Rad zum Geburtstag geschenkt bekommen. Sie ist Eigentümerin.

Lennart, ihr Bruder, macht einen Ausflug mit diesem Rad. Er ist für den Ausflug Besitzer des Rades.

Eigentumsvorbehalte

„Bis zur vollständigen Bezahlung bleibt die Ware unser Eigentum“, schreibt der Verkäufer.

normaler Eigentumsvorbehalt	Der Verkäufer bleibt Eigentümer, bis die letzte Rate bezahlt ist.
verlängerter Eigentumsvorbehalt	Der Besitzer der Ware darf die Ware weiterverkaufen, sichert aber dem Verkäufer (Eigentümer) den Erlös zu.
erweiterter Eigentumsvorbehalt	Der Besitzer sichert dem Eigentümer (Verkäufer) auch die Erlöse aus anderen Warenverkäufen zu.

Sozialversicherung in Kürze (2025)

Rentenversicherung	Krankenversicherung	Pflegeversicherung	Unfallversicherung	Arbeitslosen-versicherung
Rentenzahlung ab 67 Jahren (Ausnahmen!) Höhe im Durchschnitt 67% vom Netto. *Beitragssatz heute (2025) 18,6% des sozialversicherungspflichtigen Einkommens. Davon trägt der Arbeitgeber die Hälfte: 9,3%.* Die Höchstgrenze, von der die Beiträge abgezogen werden, liegt 2025 bei 8.050 €. *Keine Sozialversicherungspflicht besteht für Beschäftigte, die weniger als 556 € im Monat beziehen. Zwischen 556 € und 2.000 € gibt es einen Übergangsbereich (früher: Gleitzone) bis zur vollen Beitragshöhe.*	Die Krankenversicherung setzt ein, wenn die Lohnfortzahlung nach 6 Wochen aussetzt. *Die Krankenkasse zahlt Krankengeld für weitere 72 Wochen bei gleicher Krankheit.* Der Krankenversicherungsbeitrag liegt 2025 bei 14,6 % des versicherungspflichtigen Einkommens und wird zur Hälfte vom Arbeitgeber getragen. *Die Höhe des Krankengeldes beträgt 70% des letzten Brutto (bis zur Beitrags-Höchstgrenze 5.512,50 €), aber nicht mehr als 90% des letzten Netto.*	Bereits über 2 Millionen Menschen in Deutschland brauchen die Pflegeversicherung, die fremde oder häusliche Hilfeleistungen bezahlt. *Der allgemeine Beitrag für die Pflegeversicherung beträgt 3,6 %, die je zur Hälfte auch vom Arbeitgeber getragen werden. (Kinderlos + 0,6 % NUR AN!)* Je nach Schwere der Erkrankung werden Leistungen für fünf Pflegegrade gezahlt. *Beitrags-Höchstgrenze wie bei der KV.*	Die Unfallversicherung wird von den Berufsgenossenschaften getragen und ausschließlich vom Arbeitgeber finanziert. *Die Höhe der Beiträge richtet sich nach der Gefahrenklasse, in die der Betrieb eingestuft wurde.* Der Versicherungsschutz bezieht sich nur auf solche Ereignisse, die mit der Beschäftigung im Betrieb oder dem direkten (!) Weg von und zur Arbeit zu tun haben. *Leistungen: Unfallverhütung betreiben, Unfallrente zahlen, Umschulungen, Hinterbliebenenrente u.a.*	Im Falle der Arbeitslosigkeit gibt es Arbeitslosengeld. Dies wird halb so lange gezahlt wie man dauerhaft beschäftigt war, maximal jedoch 24 Monate. *Der monatliche Betrag liegt bei > 46% des monatlichen Brutto.* Die Versicherung kostet 2,6% des Brutto und wird vom Arbeitgeber mit 1,3% hälftig mitgetragen. Auch hier gelten die Beitragsbemessungsgrenzen wie bei der Rentenversicherung. *Ist man immer noch arbeitslos, dann tritt die Grundsicherung an diese Stelle.*

Erwerbswirtschaftliche Ziele

Warum gründet oder führt man ein Unternehmen?

Ökonomische Ziele	Soziale Ziele	Ökologische Ziele
* Gewinne maximieren * Eigenkapitalrendite optimieren * Gesamtkapitalrendite optimieren * Marktanteile erweitern und den Markt beherrschen * schnell wachsen * Produkte optimieren * Qualität auf höchstem Niveau anstreben * ständig Innovationen fördern und technisch realisieren * die Organisation der betrieblichen Abläufe optimieren * Kosten minimieren * die Mitarbeiter mit dem Unternehmen identifizieren (Corporate Identity)	* Arbeitsplätze schaffen und für optimale Arbeitsplatzsicherheit sorgen * die Arbeitnehmer durch den Betriebsrat mitbestimmen lassen * angemessene oder verbesserte Löhne und Gehälter * Weiterbildungen ermöglichen * Aufstiege im Unternehmen fördern * das Firmen-Image durch freiwillige soziale Leistungen verbessern - Urlaubsgeld - Personalrabatte - Geburtsbeihilfen - Betriebsrente - Sportzuschüsse	* die natürlichen Ressourcen schonen * die Produkte umweltfreundlicher herstellen durch - Abfallvermeidung (Reduzierung unnötiger Verpackungen) - Abfallminderung (möglichst keine Schadstoffe verwenden) - Recycling (Wieder- oder Weiterverbrauch von Rohstoffen) - neueste Produktionsverfahren (möglichst emmissionsfrei, also keine Schadstoffe durch den Schornstein) * Stetiges Nachdenken über neue Entwicklungen (Gen-Produkte, Kinderarbeit, Ausbeutung...)

Das ökonomische Prinzip

Es gilt immer: Ein Faktor ist fest - einer ist variabel

Falsch: beide Faktoren variabel

Das Minimalprinzip

ZIEL FEST - WIRD ERREICHT MIT MINIMALEN MITTELN

Beispiele:

- Umsatz von 2 Mio € mit den geringsten Kosten erzielen
- Prüfung irgendwie schaffen mit minimalem Aufwand
- 2.400 Stück am Tag fertigen mit möglichst wenig Personal
- Von Pontius nach Pilatus fahren mit niedrigstem Spritverbrauch
- Urlaub von zwei Wochen wird nach dem günstigsten Angebot ausgewählt
- Ich möchte auf dem kürzesten Weg die Ware zu meinem Käufer (Ort=fest) transportieren
- Unser Bürgermeister vergibt die Bauarbeiten für die neue Straße an den preiswertesten Bieter

Das Maximalprinzip

MITTEL GEGEBEN - ZIEL MAXIMIEREN

Beispiele:

- Kostenvolumen 6 Mio € - möglichst hohen Umsatz erzielen
- Jeden Tag 2 Stunden Vorbereitung - Prüfung bestmöglich schaffen
- Mit 100 Mitarbeitern so viel Stück wie möglich am Tag fertigen
- Mit 20 Litern Diesel so weit fahren wie möglich
- Eine Familie versucht, mit ihrem Familieneinkommen möglichst viele Güter einzukaufen
- Sie haben 1000 Euro und wollen damit so lange in Urlaub fahren wie möglich
- Aus einem Lederstück werden so viel Schuhsohlen wie möglich geschnitten

Marktgleichgewicht - *aus der Sicht der Anbieter*

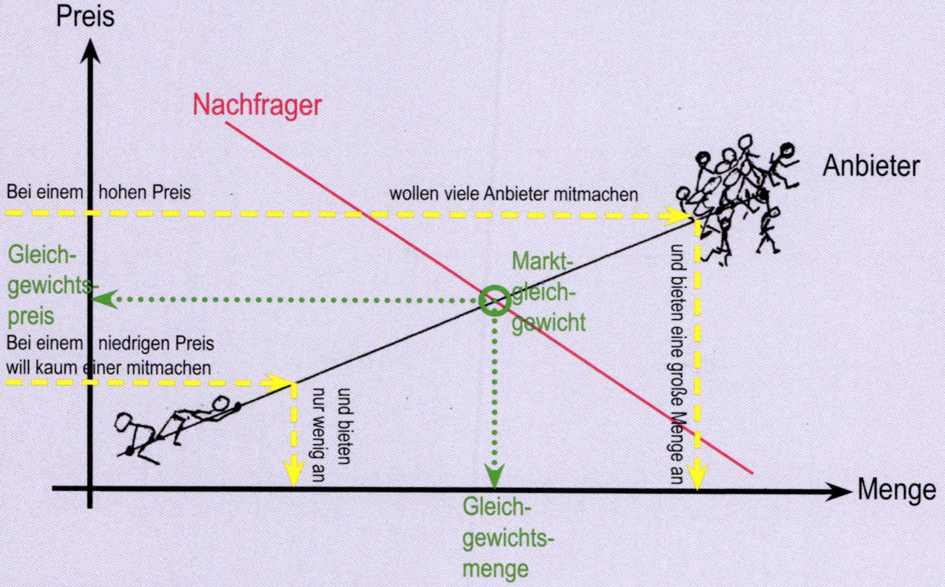

Marktgleichgewicht - *aus der Sicht der Nachfrager*

Im Gleichgewicht ○ kaufen die Nachfrager alle Angebote und die Anbieter werden alle Kaufobjekte los. Beide Seiten sind zufrieden.

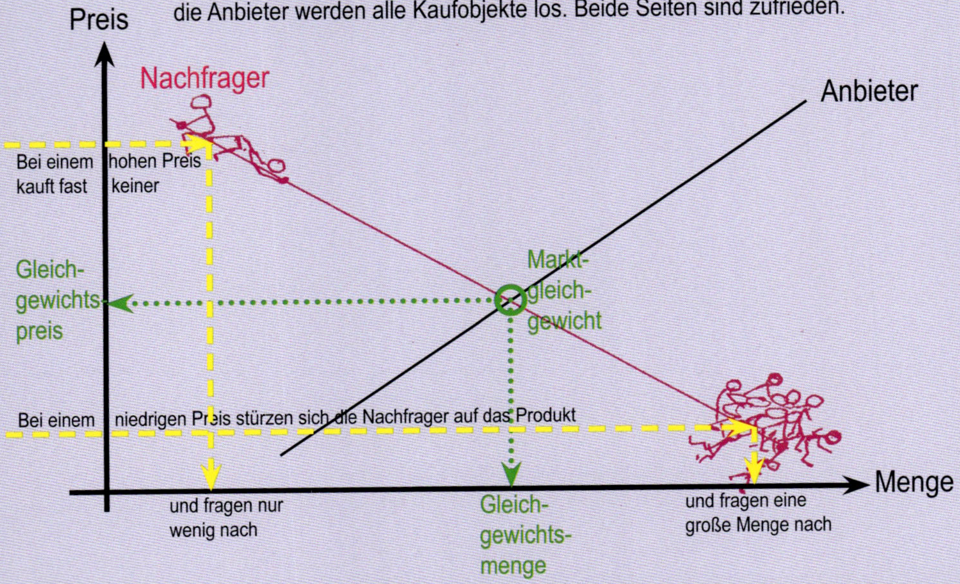

Einfacher Wirtschaftskreislauf

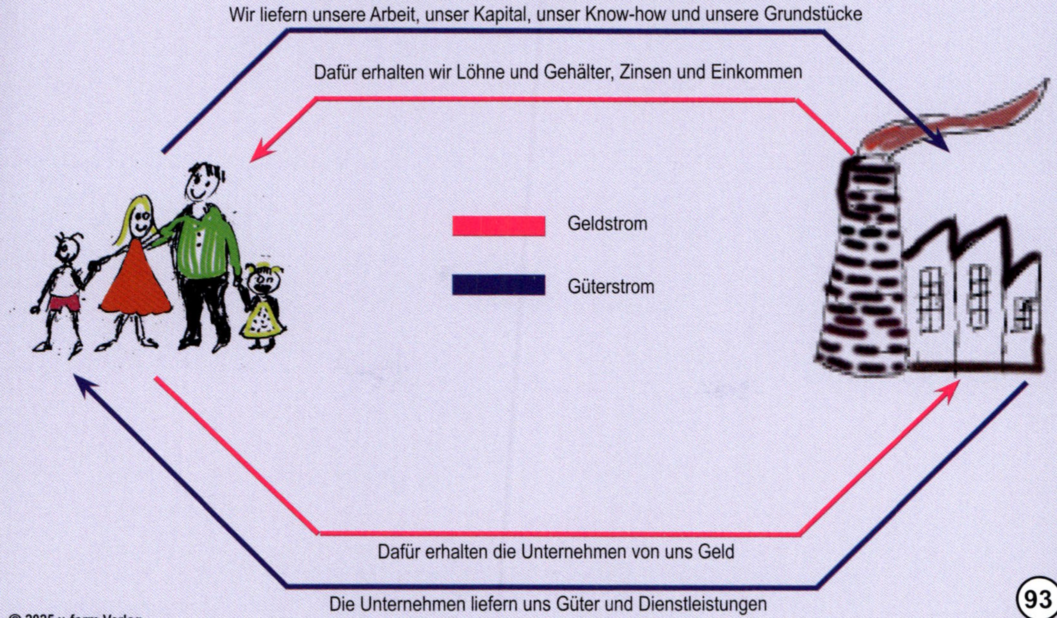

Wirtschaftskreislauf mit Bank und Staat

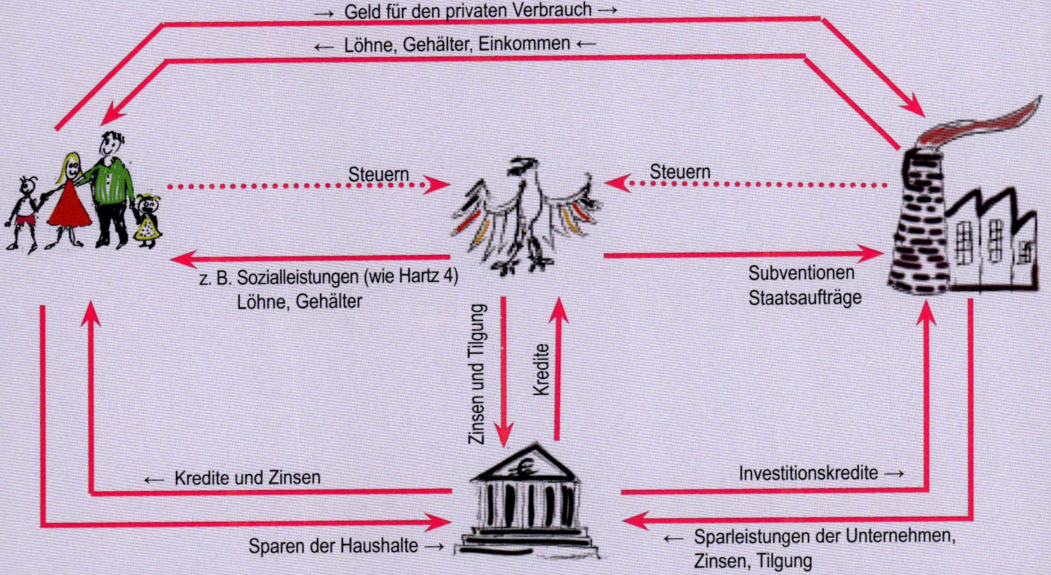

Stichworte aus WISO-Prüfungen nach dem Alphabet

Stichwort	Kurzerläuterung
Auszeichnungspflicht	Nach der Preisangabenverordnung muss dem Endverbraucher der Brutto-Verkaufspreis aufgezeigt werden. Neben diesem Endpreis ist z. B. bei Lebensmitteln, Stoffen oder Garnen auch der Grundpreis anzugeben.
Businessplan	Mit einem Businessplan stellt man die Entwicklung des (geplanten) Unternehmens hinsichtlich der zu erwartenden Umsätze und Kosten (Chancen und Risiken) dar. Die sich daraus ergebende Finanzentwicklung ist meist die Grundlage für die Bank, Geld zu investieren.
Eigen- und Fremdfinanzierung	*Eigenfinanzierung:* aus selbst erwirtschafteten Mitteln oder durch Beteiligungen (etwa Kommanditisten) *Fremdfinanzierung:* durch Kredite von außen
gesetzliche, tarifliche, freiwillige Sozialleistungen	*gesetzliche:* alle Sozialversicherungen - *tarifliche:* 13. Monatsgehalt, Urlaubsgeld, Vermögensbildung, Betriebsrente, Urlaubstage - *freiwillige:* Kantinenzuschuss, Ferienhäuser, Sportanlagen, Fahrtkosten, Kuren, Gratifikationen, Betriebsrente, Betriebskindergarten, Darlehen, Handy, Laptop, Personalrabatt...
Handlungskosten	Außer den Wareneinsätzen gibt es viele weitere Kosten wie Raumkosten, Abschreibungen, Personal, Zinsen... Diese Kosten zusammengefasst nennt man Handlungskosten.
Handelsmarken	sind Eigenmarken (Hausmarke) für Artikel des Handels wie „Ja!“ oder „Gut&Günstig“. Sie spiegeln ein besonderes Verhältnis von Preis und Qualität wider. Für die Verbraucher zählt hauptsächlich das (unterstellte) Preis-Leistungsverhältnis. Handelsmarken machen den Händler unabhängiger von den (meist hochpreisigen) Produzenten-Marken. Es gibt niedrigpreisige und mittelpreisige Handelsmarken.
juristische Person	Verein (e.V.), AG, GmbH, Genossenschaft (e.G.), Sparkassen u.a. *NICHT: Rechtsanwalt, Richter o.ä.*
Konventionalstrafe	Im Vertrag wird vereinbart, dass ein Partner dann eine Strafe zahlt, wenn er nicht die vereinbarte Leistung erbringt, etwa den Termin nicht einhält, die Qualität nicht liefert, die Verschwiegenheitspflicht bricht....
Markenartikel	...lieben den Ruf, immer gleichbleibende Qualität zuzusichern und haben einen hohen Bekanntheitsgrad. Beispiele für Markenartikel sind etwa Tempo, Prada, Dior, Lindt...
Merkmale Standort Verbrauchermarkt	großer Einzugsbereich, autogerecht angeschlossen, problemfreies Parken, niedrige Grundsteuern

Nachhaltigkeit	So viel verbrauchen wie nachwächst. Nur das verbrauchen, was natürlich erneuert wird (Meere nicht überfischen, Land nicht überdüngen, Produkte fair bezahlen...) Auch: Regionales anbieten, BIO-Artikel einstellen, Einsparungspotenziale im Laden oder im Haus nutzen, Information der Kunden, MINI-Abfall.
Rack-Jobber-System	Der Rack-Jobber ist z.B. ein Hersteller, der in Handelsbetrieben Regale anmietet und dort auf eigene Rechnung Waren anbietet. Dafür erhält der Handelsbetrieb Regalmiete und Umsatzprovision. Der Rack-Jobber kümmert sich um: Design, Präsentation, Pflege, Disposition und Auszeichnung der Ware.
Scanning-Kasse	Eine Scanner-Kasse erfasst die Ware (auch) über ein Lesegerät, das den Barcode mit der GTIN erkennt. Eine (Self-)Scanning-Kasse arbeitet genauso, allerdings übernimmt hier der Kunde das Einscannen. Diese Systeme nennt man auch Self-Checkout-Systeme (SCO).
Sektoren: primär-sekundär-tertiär...	*primär:* Urproduktion (z.B. Landwirtschaft), *sekundär:* Industrieller Sektor (z.B. Industrie und Handwerk), *teritär:* Dienstleistungssektor (z.B. Handel), NEU: *quartär:* Informationssektor, *quintär:* Tourismussektor
Teilzahlung - Formvorschrift	Verbraucherdarlehensverträge sind schriftlich abzuschließen.
Vorwahl - Vollbedienung	Man kann die Ware mit „Bedienung" verkaufen, aber auch über die „Selbstbedienung". Die Mischform beider Verkaufsformen ist die „Vorwahl". Der Kunde trifft eine Vorauswahl und erhält nur auf Anfrage weitere Beratung.
Wirtschaftlichkeit	Wirtschaftlichkeit = Ertrag / Aufwand
Zahlungsbedingungen	Zahlungsziel (bis wann?), Skontofrist (bis wann?), z.B. 30 Tage Ziel, 10 Tage Skonto

Stichworte nach Alphabet

Stichworte nach Alphabet

CHECK iT – EiNZELHANDELS-PRÜFUNG IHK *

Heinrich Johannes Kehnen

u-form.de

ISBN 978-3-95532-401-8

11. Auflage 2025

9 783955 324018

u-form